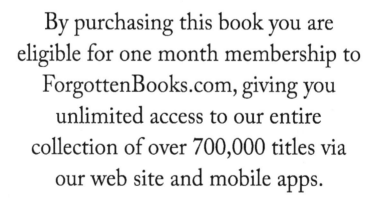

ISBN 978-0-260-98782-2
PIBN 10998329

für

Gartenfreunde, Botaniker

und

Gärtner.

Fünfter Band

Mit Kupfern.

Leipzig, 1802

bei Voß und Compagnie.

Inhalt.

IX.

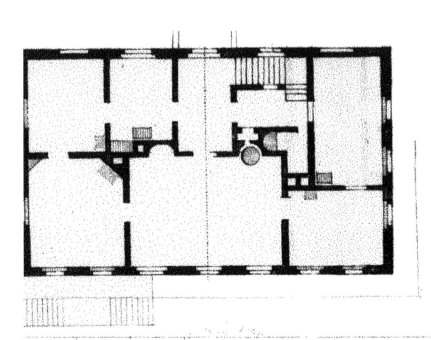

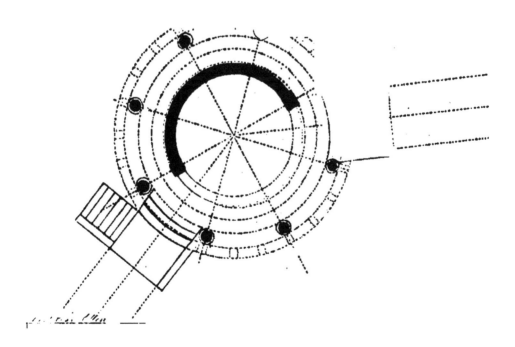

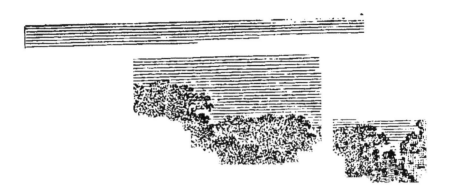

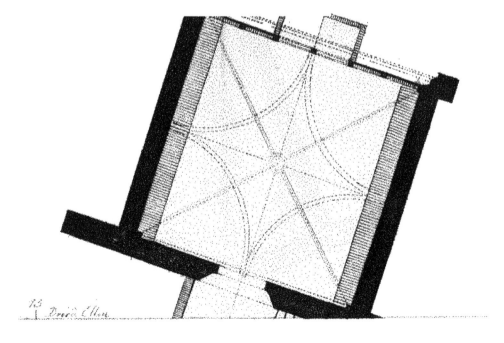

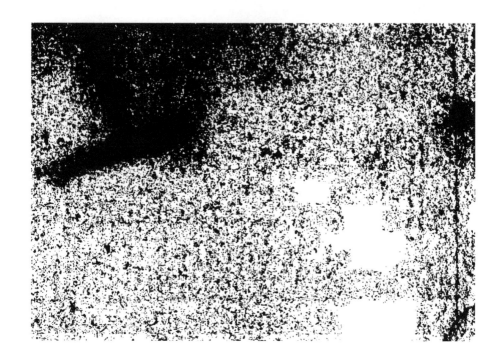

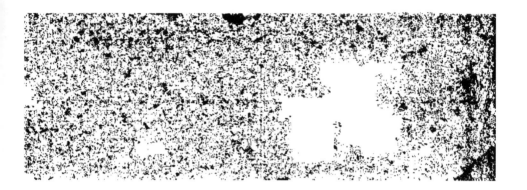

I.

Ueber deutsche Gärten,

nebſt

einer Beſchreibung des Siliſer Berges bei Deſſau.

Wenn die Kunſt über ihre Gemälde und Bilder den Anſchein von einem idealiſchen Leben, von einem reinern Aether, der über ſie hinflieſt und in dem ſie gleichſam ſchweben, zu bringen weiß, daß wir hier ſagen müſſen, „ſo iſt es in der Natur nicht:" ſo feſſelt uns die Natur wieder von der andern Seite mit etwas, das wir geheimes verborgenes Intereſſe der Natur nennen möchten; und das wir in der Kunſt nicht finden. Und wenn uns die Kunſt mit ihren Zauberkräften und Zauberkünſten bei dem erſten Anblicke ihrer Gemälde und Bilder gleich außer unſerm Bewußtſeyn reißt;

und

und uns vor Bewunderung faſt nicht wiſſen
läßt, was wir ſehen: ſo ſtehet die Natur bei ihren einfachen Reizen, mit denen ſie unſere Sinne nicht bezaubert, ſondern mit einer milden
Wärme unterhält und allmählig feſſelt, in ewiger Verjüngung da, daß wir von ihrem Genuſſe und von ihrem Daſeyn nie geſättigt oder über-
ſättigt werden. Erhebet euch zu den idealiſchen
Höhen der Kunſt, wo dieſe Zauberin in einem
verſchönerten Lichte die Natur erſcheinen läßt,
wo ihr ein vergeiſtigtes Spiel von Thätigkeit,
von mannichfaltigen Formen für Einbildungskraft und Phantaſie wahrnehmet, von Formen,
an denen gleichſam alles irdiſche verloren iſt:
und ihr werdet euch nicht lange in jenen Höhen
erhalten können; müde und matt kehret und
ſehnet ihr euch wieder zu der Natur, zu ihren
weniger zarten und weniger geiſtigen Formen
zurück, an denen ſie mehr als einen Zweck zu
realiſiren hatte. Stellt euch aber vor dieſe kleine unbedeutende, auf einem ärmlichen kargen
Boden ſtehende Raſenblume hin, die, auf Lein-
wand von der geübteſten Hand des Künſtlers gemalt,

malt, nichts anders als den mechanischen Fleiß
und die holländische Mühsamkeit des Ausma-
lens in einem Blumen- oder Früchtstücke würde
bewundern lassen; und ihr werdet, wo ihr sie
in der Natur findet, mit einem warmen lebendigen Interesse zu diesem kleinen Gegenstande
euch hingezogen fühlen, und dieser kleine Gegenstand wird euch zu mannichfaltigen Gefühlen
Anlaß geben, und ihr werdet nimmer aufhören,
diese Blume zu bewundern und zu lieben! Das
ist die Entschädigung, die sich die Natur nimmt,
da sie des Idealischen und des Verschönernden
der Kunst entbehren muß!

Wie es hier mit der Kunst und der Natur
im allgemeinen ist: so ist es auch mit der Land-
schaftsmalerei und den in der Natur selbst befindlichen und von der Natur gebildeten Landschaften: ja so ist dieser Unterschied selbst in der
Natur zwischen reichen, geschmückten, mannichfaltigen, weiter ausgedehnten, und zwischen ihren kleinern, einfachern, gleichsam vernachläs-
sigtern Landschaften. Komm mit mir, Wanderer,

rer, daß wir jenen Unterschied bemerken und
auf unsere Gefühle achten; laß uns hineilen zu
jener Landschaft, wo die Natur ihre Kräfte erschöpft zu haben scheint, um sich in ihrem landschaftlichen Schönen zu zeigen: und laß uns
dann von dieser Landschaft zu jener kleinen Parthie hinbegeben, die verborgen, still, gleichsam
von der Natur abgesondert hinter jenem Berge
liegt. Jene Landschaft ist weit, unermeßlich;
das Auge läuft über weite Ebenen und Flächen,
über endlos scheinende Gefilde hin, die sich mit
jenen Bergen vereinigen, welche mit dem Horizonte, einem Amphitheater gleich, diese ganze
Gegend durch einen blauen Nebel bekränzen.
Da über jenen Bergen, auf denen der blaue
Schleier ausgebreitet liegt, und in dem die weh-
muthsvolle Erinnerung, die unerschöpfliche Ge-
bärerin der Vergangenheit, und die üppige eitle
Einbildungskraft, die in die Zukunft hinauseilt,
mit verlorenen und zukünftigen Gestalten spielen,
finden wir noch, so weit, so entfernt auch diese
Berge von unserm Auge sind, die Wellenlinie,
welche der Zergliederer der Schönheit als das

Muster

Muster des Schönen angab, und in welcher jene fast verlornen Gipfel des Gebirges wie in
dem Saume sanfter Abendwolken hinlaufen.
In der Mitte, auf allen Seiten dieser Landschaft, welche Mannichfaltigkeit enthüllt sich unserm Blicke, der unstät und irrend über dieses
Gefilde hinschweift! Da kleinere Hügel, hier
und dort in zerstreuten Parthien, wie sie sich
bald von einander trennen, bald gegenseitig zu
einem harmonischen Ganzen vereinen; hier an
dem Abhange des Bergs ein Dorf, das sich in das
tiefe Thal hinabziehet und mit seinen Häusern und
seinen rothen Streifen von Dächern ein so romantisches Ansehen und buntes Kolorit zwischen dem
grünenden Laub der Wälder der Gegend giebt;
da Fluß, Aue, Feld, auf welchem der Landmann
reichliche Schätze sammelt; hier Fruchtbäume,
welche die goldenen Aepfel der Hesperiden
zeigen; Wiesen, von mannichfaltigen kleinen
wässernden Quellen und Bächen durchschnitten! — Wo ist hier ein Punkt, auf dem unser
Auge ausruhen und in dem unsere Sinne in
dem wollüstigen Umherschweifen und Herumir-

ren

ren einen Stillstand finden könnten! In dieser
Mannichfaltigkeit von Gegenständen gehen wir
verloren und unbewußt unserer, bilden die ar-
beitenden und thätigen Kräfte der schwelgenden
Phantasie alles dieses Mannichfaltige in Minia-
turbilde in sich nach, ohne daß die Phantasie in
allen diesem, in allen den verschmolzenen Formen, die sich zur Bildung dieser Landschaft vereinigen, einen Anfang und Ende findet. — Aber
laß uns hier ausruhen, Wanderer, von diesem
schwelgenden Genusse, welcher sich unserer Seele
aufdrängt, laß uns hineilen, zu jener stillern
entlegnern Parthie, die wir gleichsam bis hieher
zum Ruhepunkte unserer Empfindungen aufge-
sparet haben, laß uns hinwandern zu dieser ländlichen Scene, wo die Natur mit wenigerer Sorgfalt, mit mehr Nachlässigkeit und einfacher scheint
ihre Reize ausgespendet zu haben. Hier ein
Busch, der diesen ländlichen stillen Wohnort des
Friedens umschließt; ein mäßiger Abhang vom
Hügel, der dieser ausgebreiteten Ebene Mannichfaltigkeit und etwas von Wechsel giebt; da grünende Auen, Wiesen, ein blumenreiches Ufer,

an

an dem sich unser Auge weidet; und dort hinter
dem einzelnen Fliederstrauch die halbverborgene
Schäferhütte, die diesem einsamen stillen Thale
eine Art von Leben, von lebendigem Interesse,
von Beziehung auf menschliche Empfindung
giebt. Hier gehab dich wohl mit mir, Wanderer! hier ist es unser Herz, mit dem wir leben!
War es dort das eitle üppige Spiel der Einbildungskraft, die uns bei jener weiten bereicherten
Landschaft mit mannichfaltigen Formen unter-
hielt, die uns ein luftleeres Land von Feen und
Geistern, wo Oberon spielt, sehen ließ: so sind
hier die reizenden Gefühle des Herzens, die uns
erwärmen, und so ist es hier die Dichtung der
ländlichen Unschuld, des himmlischen Friedens,
der wir uns hingeben, und in der wir Lieder von
Matthisson singen.

Das Ideal des Schönen ist es, welches wir
dort in jener ersten Landschaft finden: das Interessirende und ein Interesse aber hier, welches
uns bei dieser kleinen Landschaft an sich ziehet.
Jene Landschaft scheint bei ihrer Mannichfaltigkeit,

telt, bei ihrem Reichthum, bei dem Anschein von Verschönerung von dem Künstler und der Kunst gebildet, zu seyn: hier in dieser Landschaft, in dieser landschaftlichen Parthie aber nahmen wir nur bei der Nachlässigkeit derselben, bei ihrer geringern Pflege die einfache ungezwungene liebende Sorgfalt der Natur wahr.

Was ist aber dieses Interesse, das hier bei der kleinern, wenig gepflegten Landschaft uns einnimmt, und das höchste Schöne dort, das wir in jener Landschaft empfinden? Was ist der Grund dieser unterschiedenen Art der Gefühle, des Interessirenden und Schönen? welchen Unterschied Beobachtung und Erfahrung bei dem Anblick verschiedener Landschaften einem jeden bewähren kann.

Der Unterschied des Natur- und Kunstschönen, welcher in den Aesthetiken gemacht wird, hat seinen Grund in der Natur des Menschen selbst: und auf diesen Unterschied gründet sich auch jene doppelte Art der Gefühle bei den Land-

schaften

schaften. Wir bewundern die Natur, wenn
wir sehen, wie sie ihren besondern eingeschränk-
ten Werken ein allgemeines Ideal der Schönheit aufdrücken, und die einzelnen besondern
Formen, durch welche sie die Grenzen der Körper bestimmte, in einen solchen allgemeinen Umriß von schwebenden gleichsam unhaltbaren Gestalten gießen konnte. Denn was hat die Ma-
terie, aus der wir alles, was bestehet, zusammengesetzt sehen, an sich, daß wir aus ihr die
schönen Formen, in welche sie gekleidet ist, erklären, ja daß wir aus ihr nur eine einzige Erklärung für dasjenige, was schön heißt und was
ein allgemeines Bild des Wohlgefallens aller
Menschen ist, herleiten könnten! Zu dieser Bewunderung der Natur, durch welche wir diese
als eine weise, verständige, voll warmen und
wahren Gefühls schaffende und lebende Künstlerin denken lernen, gesellet und verbindet sich
nun eine Liebe, eine Neigung für dieß wohlthätige liebevolle Wirken und Weben der Natur
in ihrem Formen, ein Interesse, welches verwandt ist mit dem Interessirenden, daß wir an
jedem

jedem Guten, an jedem, was moralisch gut ist;
nehmen, und welches daher eben so, wie dieses,
allgemein ist. Das moralisch Gute hat nämlich
das Eigene, daß es mit Allgemeinheit aus jedem,
und zu jedem Menschen spricht; es ist allgemei=
ne Sprache des Herzens und der Vernunft des
Menschen . Wo wir also ein Allgemeines in den
sinnlichen Formen der Natur dargestellt finden;
da glauben und sehen wir auch eine Aehnlich=
keit, eine Verwandschaft mit demjenigen, was
uns über die beschränkte einseitige sinnliche Na=
tur hinwegsetzt, da sehen wir eine Analogie des
Guten. In den Werken der Natur, die wir in
solche schöne Formen und in schwebende weiche
Umrisse gegossen finden, erblicken wir daher, mit=
telst der Verwandschaft des Guten und des Schö=
nen, durch ihre gegenseitige Allgemeinheit und
durch ihre gegenseitige allgemeine Ankündigung
und Gesetzgebung für jeden Menschen, eine An=
weisung auf das moralische, da glauben wir ein
sinnlich ausgedrücktes Bild des moralisch Guten
zu finden: und so gesellet und verbindet sich,
wie mit dem moralisch Guten, mit jedem Aus=
druck,

druck, jeder Aeußerung deſſelben ein lebhaftes
Intereſſe verbunden iſt, auch mit dem Natur‐
ſchönen ein ſolches Intereſſe; daß nun bei dem
Naturſchönen und dem Genuſſe deſſelben zwei
verſchiedene Kräfte des Menſchen wirken, die
Anlage für das Gute und das Gefühl für das
Schöne. Hier die Einbildungskraft, die an
dem Schönen ein ſo thätiges Spiel ihrer Wirk‐
ſamkeit findet; dort das Herz oder die Vernunft
des Menſchen, die in der Allgemeinheit des Schö‐
nen eine Beziehung und eine Anweiſung auf das
moraliſch Gute ahnet.

Aber iſt denn das Naturſchöne und Kunſt‐
ſchöne ſo wenig mit einander verwandt, daß hier
nicht ein gleiches Intereſſe, nicht eine gleiche
beigeſellte Stimmung für das moraliſche Gute,
nicht eine gleiche Anweiſung auf daſſelbe Statt
finden ſollte? Aus folgenden zwei Gründen
muß dieſes hier wegfallen. Erſtlich iſt ja bei den
Werken der Kunſt der verſtändige, weiſe, mit
Vernunft begabte Künſtler, der alſo nach ge‐
wiſſen Zwecken und dieſen gemäßen Mitteln han‐
delt,

delt, der Meister und Urheber, welcher dieses
Werk und an diesem Werke das Schöne hervorgebracht hat. Was soll uns also hier Wunder
nehmen, daß der Künstler dieß Schöne, auf seinem landschaftlichen Gemälde z. B., erzeugte,
da wir ihn als eigenen Erfinder der Kunst, als
einen solchen, der dieses hervorbringen k o n n t e,
denken? „Denn ist es nicht der mit höhern Kräften begabte, der moralische Mensch selbst, der
dieses Kunstwerk hervorbrachte? — . Also die
Natur nicht, gegen die uns in der That Bewunderung einnimmt, wenn wir sehen, wie sie
als todte leblose Masse, als ein Wesen, das bloß
in unserer Einbildungskraft lebend da ist, ihren
Werken ein solches deutliche Bild von Wärme,
von Wahrheit, von Leben in der allgemeinen
Form des Schönen geben konnte. Sehet die
kleine, wohlgestaltete Wiesenblume, die ihr
auf einem trockenen unfruchtbaren Anger oder
auf einem Raine zwischen trockenen Saatfeldern
findet, — was ist es, daß die Natur diesem kleinen zarten Geschöpfe diese wohlgefällige Gestalt,
diesen schmeichelnden Umriß gab? dieser Blume,

me, die so unbedeutend, anspruchlos da stehet; und die Natur, die wir vorher nur noch als ein todtes verstandloses Wesen dachten, und jetzt als eine so wohlthätige, mit Gefühl und Empfindung begabte Künstlerin kennen lernen. Haltet aber nun diese unbedeutende mit weniger Kunst zusammengesetzte oder gebildete Blume der Natur zusammen mit einem reichern schönen Werke der Kunst; — und sehet, beobachtet, ob hier das Gefühl der Bewunderung euch eben so fesselt, als dort bei jenem einfachen Werke der Natur, ob hier das stille Interesse euch eben so belebt, wie dort bei jener Blume, wo ihr so etwas zufälliges, zugleich aber auch so nach Mittel und Zweck eingerichtetes wahrnehmet! Und die Ursache von diesem unterscheidenden Gefühl bei dem Natur- und Kunstschönen liegt zweitens darin: daß die Kunst verschönert, wo also alle Täuschung als Natur, die allein das interessirende Gefühl erweckt, wegfällt. Ist der Künstler im Stande, uns statt Natur zu täuschen, oder wählt er einen solchen Stoff, den er bloß von der Natur regieret, und wo er

nichts

nichts von seiner Verschönerung und Idealisirung hinzuthut: so kömmt auch hier jenes interessirende Gefühl zum Vorschein, wie bei kleinen Landschaftsgemälden zu bemerken ist, wo der
Künstler eine einfache ländliche Parthie aus der
Natur aufgenommen hat.

Die „Natur verschönern" und „idealisiren" heißt aber, die Natur von den
äußeren und innern Bedingungen,
welche das freie Wirken und Daseyn
der Schönheit einschränken, befreien,
und sie bloß nach einer freien Zweckmäßigkeit aufstellen. Die Natur hat mannichfaltige Zwecke und Absichten, die sie in ihren Geschöpfen und Werken zu erreichen strebt:
und die Schönheit scheint nur ein beiläufiger
Reiz und Schmuck zu seyn, mit welchem sie ihre Produkte, als mit einer zufälligen Mitgabe,
ausstattete. Jene innern Bedingungen, welche der Schönheit, dem freien leichten Spiele
der Zweckmäßigkeit Eintrag thun, entstehen nun
z. B. durch den besondern Zweck, den die
Natur

Natur mit diesem oder jenem Geschöpf, dieser oder jener Thiergattung hatte, und nach welchem sie also auch die Organisation, den Bau, die ganze äußere Form des Geschöpfs einrichten mußte. Dergleichen absichtliche und beabsichtigte Zwecke sind nun besonders in den höhern und edlern Produkten der Natur, die auf einer höheren Stufe der Naturkette stehen, sichtbar; und bei solchen Werken, wenn sie der Künstler aufstellt und zum Stoff seiner Kunst wählt, ist idealisiren möglich. Idealisiren nämlich heißt, die innern Zwecke, welche sich in einem Naturprodukte, durch Organisation u. s. w., zeigen, durch die Kunst in freie leere Zweckmäßigkeit auflösen: wie z. B. wenn der Künstler seinen Herkules bloß nach dem Ideal des Muths, der Stärke, seine Venus bloß nach der Schönheit bildet, und die innern Zwecke, die der Bau, die Organisation mehr oder weniger auf Fortpflanzung, auf Zeugung angiebt, in so fern die nach diesen Zwecken bestimmte Organisation der Schönheit Eintrag thut, verschwinden läßt. Verschönern aber heißt,

die

die Natur von den äußern Bedingungen, welche Schönheit derselben beeinträchtigen, befreien
und sie ebenfalls so unter einem freiern leichtern
Spiele der Zweckmäßigkeit erscheinen lassen.
Dergleichen äußere Bedingungen finden z.
B. Statt in dem vegetabilischen Reiche der Natur; selbst auch bei dem größten Theile der ver-
nunftlosen Thiergattung; also dort auch bei
landschaftlichen Gegenden, als Zusammensetzun-
gen schöner Formen durch landschaftliche Produkte: in wie fern diese äußeren Bedingungen
bestehen, z. B. in dem Klima, in dem Boden,
in der Jahreszeit, welches alles mehr oder weniger der Schönheit entgegen ist, die Freiheit derselben hindert und sie individualisirt. Man
sagt daher nach diesem bestimmten Unterschied
von Idealisirung und Verschönerung, „die Natur verschönern, verschönerte Landschaften aber hingegen ein Ideal vom
Menschen." Wenn nun der Künstler oder
der Landschaftsmaler nach einem freien Bilde
der Schönheit seine Landschaft entwirft, daß er
ohne Rücksicht auf Klima, auf Himmelsstrich zu
nehmen,

nehmen, nur diejenige Art von Blumen wählt,
die den schönsten Effect in Absicht auf Schönheit
thun, eine solche freie Zusammenstellung wählt,
daß man siehet, äußere Bedingungen haben hier
keinen widrigen Einfluß gehabt, wenn er die
rohe Ungebundenheit der Natur zur Nachlässigkeit, zu einem leichten nachlässigen Spiele bildet, und aus seiner Fülle von Kraft und Genie
noch das hinzuthut, was nur der Pinsel und die
Farbe von dem leichtesten verschmolzensten Kolorit geben kann: dann, sagt man, hat die Kunst
die Natur, die natürliche Landschaft, verschönert.
Und diese Landschaft zeigt sich dann freilich in einem freiern, nachlässigern, üppigern, reichern
Spiele der Zweckmäßigkeit, als nur je die Natur, an fremde höhere Zwecke gebunden oder
durch Bedingungen des Klima, des Bodens, der
Jahreszeit, durch ungünstigen Wuchs selbst der
landschaftlichen Producte eingeschränkt, hervor-
zubringen vermag. Und allerdings stellt so der
Landschaftsmaler sein Kunstwerk in einem reinern höhern Lichte dar, er wiegt die reflectiren-
den bei dem Gefühle des Schönen thätigen Kräf-

B.   te

te des Menſchen in einem freiern ungebundnern
Spiele; und dieß iſt auch der Triumph, der die
Kunſt für den Verluſt des warm lebendig ge-
fühlten Intereſſes, das der Menſch an Naturgegenden und an dem einfachen Naturſchönen
nimmt, entſchädigen muß.

Und aus dieſem Unterſchied des Intereſſirenden und Schönen — des Intereſſe, welches
das Naturſchöne ꝛꝛꝛꝛꝛ, und des reinen Kunſt-
gefühls beim Kunſtſchönen gründe ich denn nun
auch die Eintheilung der Gärten in intereſſirende und in verſchönerte, oder in
deutſche und engländiſche Gartenanlagen. Der Charakter des engländiſchen Gartens
ſcheint mir nämlich verſchönernde Darſtellung der landſchaftlichen Natur zu ſeyn. Der
Charakter des deutſchen Gartens, Darſtellung
der landſchaftlichen Natur in ihrem Intereſſe, wo alſo Verſchönerung oder Idealiſirung,
daß ich dieß Wort brauche, ganz entfernt bleiben muß. Man glaube aber nicht, daß dieſer
eigenthümliche verſchiedene Charakter des Gefühls

fühls bei einer verschönerten und bei einer natürlichen interessirenden Landschaft keinen Unterschied bilden könne in Absicht auf Gärten und
Gartenanlagen, daß ja auch, worinnen eben dieser Einwurf bestehen möchte, in dem engländischen Garten mit dem Gefühl der höchsten Verschönerung durch die Kunst das Gefühl des Interessirenden verbunden und beide Empfindungen
in einander verschmolzen seyn könnten. Ich sage
man hole nicht einen Einwurf davon her, und
man wende dieses nicht wider meine bestimmte
Eintheilung der Gärten ein: denn die Empfindungen des Schönen und Interessirenden sind
sehr scharf von einander getrennt, und die nächs-
sten Grenzen zwischen beiden Feldern können den
größten Unterschied und den weitesten Abstand
in Rücksicht der Gefühle bilden. Ist es einerlei,
wenn ich sage: „in dem engländischen
Garten ist verschönernde Darstellung der landschaftlichen Natur
Hauptzweck, und Darstellung des Interessirenden untergeordneter Zweck“.
mit dem, wenn ich sage: „in dem deutschen
Gar-

Garten ist Darstellung des Interes=
sirenden der landschaftlichen Natur
Hauptzweck, und Verschönerung nur
untergeordneter Zweck, in wie fern
sie das Interessirende nicht hindert?"
Und gerade so in diesen Nüancen, die mir das
Charakteristische des deutschen und englischen Gar=
tens aus dem ersten Grunde hervorzuheben schei=
nen, ist der Unterschied beiderseitiger Anlagen
bestimmt und bezeichnet. Wer würde aber wohl
so einseitig urtheilen und die Kunst, insbesonde=
die engländische Gartenkunst von der Natur so
entfernt glauben, daß man sich einbilden und
mich des Satzes beschuldigen könne: „bei dem
Anblicke oder dem Herumwandern in einem eng=
ländischen Garten dürfe und könne gar nicht das
geringste von jenem Interesse, welches das Na=
turschöne gewährt, Statt finden?" Denn hat
nicht auch der Künstler des engländischen Gar=
tens dem untergeordneten Zwecke, zu in=
teressiren, so bald nämlich die interessiren=
de Darstellung der landschaftlichen Natur den
Hauptzweck der Verschönerung nicht hindert,

Genüge

Genüge zu'thun? Kann und darf und muß
nicht auch der Schöpfer des engländischen Gartens oft seine verschönerten, seine höchsten ideali-
sirten Parthien mit einfachen interessirenden
Naturgegenden abwechseln lassen? Muß nicht
der Künstler auch bei diesen engländischen Anlagen besonders darauf sehen, daß er bei aller
Verschönerung doch darinnen seine Kunst am
meisten zeige, daß er den Wanderer mitten
in dem Genuße und dem Gefühle der Kunst
gleichsam glauben lasse, daß er Natur sehe —
und daß er ihn so interessire? — Eben so
glaube man aber auch nicht, daß ich bei dem
deutschen oder interessirenden Garten alle Verschönerung ausgeschlossen wissen wolle, daß der
deutsche Garten nur ein hingeworfenes ungeord-
netes Gewebe von wilden Büschen, von unre-
gelmäßigen Hecken, nichts von fremden Hölzern
und Pflanzungen, alles nur so roh, ungebaut, un-
gepflegt seyn solle, wie es aus den ersten Händen
der Natur kömmt. Nein — nur Verschönerung soll hier der untergeordnete Maaßstab des Künstlers und die Darstellung des In-
teressiren

teressirenden der erste Zweck bei diesen Anlagen seyn. Und wie dort in dem engländischen
Garten die höchste reinste Schönheit der Glanz
ist, in dem der Wanderer in einem solchen Garten schwebt, und das Interessirende gleichsam
der sanfte Schein, der hie den zu blendenden
Glanz mildert: so soll und ist nun hier in dem
deutschen Garten das Intresse und das Interessirende der warme gleise milde Abendschein
der Sonne, der über die Anlagen ausgegossen
ist, und die Verschönerung, welche die Kunst mit
weiser Mäßigung hinzuthut, gleichsam die bisweilen noch heller und helle aufblickenden Strahlen der Sonne, ehe sie ganz ihrem Untergange,
dem Sinken zu der andren Hälfte der Erde
hineilt.

Die Theorien der Kunst sind gewöhnlich
zwischen solchen getheilt, die ganz rein a priori,
wie dieser Ausdruck jetzt in Umlauf ist, die einzelnen Künste und die Zweige derselben zu bestimmen suchen, und zwischen solchen, die von
der Erfahrung ausgehen und nach der Anschauung,

ung, nach den vorhandenen Künsten die mög=
lichen Grundsätze der Kunst, und die gesetz=
mäßige Eintheilung derselben festsetzen wollen.
Es möchte wohl zwischen diesen beiden Partheien
ein Mittelweg zu treffen seyn, der der sicherste
und richtigste ist, daß wir Theorie mit Anschau=
ung verbinden. Und diesen Weg will ich jetzt,
um meine Eintheilung der Gärten zu rechtfer=
tigen, wählen. Vorher aber noch einige Worte
über den historischen Ursprung des Namens
„deutscher Garten." Hirschfeld ist, so viel
mir bekannt ist, der erste, der den Namen
„deutscher Garten" aufführt: aber er
bestimmt letztern nicht weiter, als daß er eine
Abweichung von den engländischen Anlagen sei,
in wie fern hier der Deutsche nach seinem Ge=
schmack mehr oder weniger gekünstelt, mehr oder
weniger groteske Ideen ausgeführt und so eine
nicht wesentliche Verschiedenheit der Abar=
tung, sondern nur der Ausartung des
englischen Gartengeschmacks gebildet habe. Prof.
Becker — daß ich auch dieses ohne Beleidi=
gung seiner Bescheidenheit anführe — ist der
zweite,

zweite, der, in unſern Zeiten, wieder auf dieſen
Namen und auf dieſen Begriff, von dem wir
handeln, das deutſche Publikum aufmerkſam
gemacht, und zwar ſich dadurch ein weſentliches
Verdienſt erworben hat, daß er, ob er ſchon den
Charakter des deutſchen Gartens nicht weitläuf=
tig auseinanderſetzt und in einer Erklärung an=
giebt, doch ihn nicht, wie Hirſchfeld, als ei=
ne Ausartung, ſondern als einer wirklich von dem
engländiſchen Gartengeſchmack verſchiedene
Art, Gärten anzulegen, beſtimmt hat.*) Un=
abhängig von dieſer Beſtimmung — daß ich
auch von mir, ohne allen Anſpruch auf irgend
ein Verdienſt, ſpreche — bin ich durch Beobach=
tung und Betrachtung ſelbſt des engländiſchen
Gartens zu Wörlitz und das Luiſium bei
Deſſau auf die Idee von zwei verſchiedenen
möglichen Arten von Gärten geleitet worden,
wovon ich einen den intereſſirenden oder deut=
ſchen, die zweite Art den verſchönernden oder
engländiſchen Garten genannt habe. Ich
habe

*) Der erſte und zweite Theil dieſer Miscel=
len.

habe weitläuftig meine Grundsätze darüber und
meine Beobachtungen in der „Neuen Theo=
rie der schönen Gartenkunst“*) aus=
einandergesetzt, und ich muß nun erwarten, wie
diese meine Bestimmungen von dem Publicum
werden aufgenommen werden. Aber um nun
noch besonders meine Behauptungen in Rück=
sicht des deutschen Gartens zu rechtfertigen und
die Grundsätze, die ich hierüber aufgestellt habe
und noch weiter unten aufstellen werde, zu bewäh=
ren, und zugleich um beiden Theilen, den reinen
Theoristen und den Praktikern der Gartenkunst,
Genüge zu thun, will ich Anschauung und Er=
fahrung mit Grundsätzen verbinden und so eine
skizzirte Beschreibung und Ansicht von einer An=
lage liefern, die ihren Ursprung dem einsichts=
vollen Fürsten von Deffau verdankt,
und die ganz oder zum Theil dem Geschmacke
des deutschen Gartens gemäß ist.

———————————

Silißer

*) Leipzig bei Leupold 1798.

Silitzer Berg bei Deffau.*)

Ich wende mich an euch, ihr, die ihr mit
mir der Natur recht nahe seyn wollt, die ihr
euch des Friedens der Natur, der ländlichen
Unschuld, der Zurückgezogenheit derselben von
dem städtischen Getümmel zu erfreuen gedenkt —
und ich wandle mit euch diesen Berg hinan, der
rund umher von einer Wildniß und nur von ei=
nigen lachenden Aussichten eingeschlossen ist.
Lange sind wir vorher, um uns diesem Sitze der
Einsamkeit, der melancholischen Freuden der
Erinnerung zu nähern, wenn wir auf dem We=
ge von Deffau kommen, durch Wälder,
Wiesen, Auen fortgewandelt, oder auf dem We=
ge von dem Wörlitzer Städtchen und beson=
ders von dem Dorfe Vockerode auf einem
langen ebenen Damme zwischen Fruchtbäumen,
über die Pomona ihr reichliches Fruchthorn aus=
geschüttet hat, fortgegangen, und jetzt sind wir
an dem Fuße dieses Berges! Welch eigenes
Ge=

*) Eine gute Stunde von Deffau und eben so
weit von Wörlitz entfernt.

Gefühl theile ich mit euch, die ihr den letztern Weg auf diesem Damme genommen habt, erst lange zwischen diesen Obstbäumen, die ihre Aeste längst über den Damm auf der Erde liegend weg verbreiten würden und gestützt das schönste Obdach in den schönsten Wölbungen bilden; zwischen welchen die vollen Früchte prangen, fortgewandert zu seyn, bald durch eine Oefnung, durch eine freie Aussicht hie und da fruchtbare Wiesen und Auen, hier mit Getraide belastete Saatfelder erblickt zu haben, jetzt wie in einen

mige Eichen, rauschende und lispelnde Tannen eröffnen, und wo einige Statüen selbst diesen heiligen Eingang bezeichnen — jetzt diesen Berg hinaufzuwandeln, auf dessen Wegen und rasigen Gängen uns Ruhe und Friede, die stille abgezogene Einsamkeit von dem ganzen Gebiete dieses ländlichen Sitzes entgegen haucht! —

Der Charakter dieses ganzen Berges ist eine Art von Wildniß. Wenn wir auf diesen Berg zugehen, glauben wir uns immer tiefer

und

und tiefer in diese wilde Gegend zu verlieren;
denn Wälder werden dichter, die Gebüsche schließen sich dichter zusammen, und es scheint, als
gingen wir in einen Winkel der Erde, wo sich
nur alles Rauhe, Oede, Unfreundliche für die Empfindung gepaart und zusammengesammelt hätte. Aber wie anders, wenn wir in diesen Hain,
den Ort des stillen sanften Friedens, eintreten,
wenn wir die Kunst, oder die gütige freundliche
Hand der Natur sehen, die diese öde Wildniß
zu einem Aufenthalte sich selbst gefallender Menschen und des Herzens, das mit sich und in sich
lebt, gebildet hat! Welcher Contrast zwischen
unsern Erwartungen und dem, was wir hier
finden und wo wir uns jetzt befinden!

Einfach, ungekünstelt ist die ganze Anlage
dieses Berges. Nur die Kunst hat geordnet,
was die Natur ungeordneter und ungepflegter
liegen ließ. Nichts von Verschönerung, oder
wenigstens, daß wir es nicht dafür erkennen,
kein Zufluß und auf uns Zudrängen von mannichfaltigen Gegenständen; nur so viel, daß
wir

wir finden, daß hier menschliche Empfindung gleichsam wohnen kann, und daß wir hier auf Menschen treffen können, die mit uns den süßen Genuß der Ueberraschung theilen.

Zur Hälfte ist dieser Berg oder wenigstens von der einen Seite von dem schönen Elbstrom eingeschlossen; und man genießt auf dem Gipfel dieses Berges der erfreuenden Aussicht auf dieß glänzende Gewässer, auf dem sich bald verschiedene Wasservögel zeigen, die diesen Anblick lebendig machen, bald daß einzelne Kähne und Schiffe mit aufgeblasenen und wehenden Segeln vorüberfahren, die diese Aussicht eben so anziehend und anlockend machen. Von der andern Seite geht dieser Berg in eine ebene Fläche hinab, wo Wiesen, Auen, Saatfeld, Busch, niedriges Gesträuch sich an ihn anschließt. Von diesen Seiten, die sich größtentheils um den Berg bis auf den kleinen Theil, wo er den Fuß in die Wellen der Elbe taucht, herumziehen, ist aber dieser Berg von den freiern Wiesen, von dem ungeordnetern wildern Gebüsch durch ein.

Staket

Staket abgesondert, damit nicht bei der Nacht-
zeit das Wild diese schönen Anlagen verheere.
Von der Elbseite ist er übrigens schon durch ein
hohes Ufer geschützt, und auch hier ist noch dieser Hügel durch ein horizontal liegendes Staket,
das von dem Ufer sich hinausstreckt, damit nicht
das Wild von dem Damme auf das Ufer sprin-
ge, sicher gestellt. Die Anlage des Berges selbst
nimmt also nur einen kleinen Raum ein, aber
das äußere näherliegende Gebüsch, Wiese und
Feld mitgerechnet, beträgt sein Umfang immer
auf eine gute Stunde.

So ist die ganze Lage des Berges. Aber
ehe wir uns der Aussicht auf demselben überlassen, und mit dem Elbstrom gleichsam Empfindungen kommen und mit seinen Wellen
schwinden lassen, ehe wir unser Auge auf das
gegenüberliegende Wäldchen, wo Heerden in dem
Strahle der Mittagssonne nahe am Ufer ausruhen, schweifen lassen: wollen wir selbst in den
Anlagen dieses Bergs wandern und unsern Fuß
in den einzelnen gepflanzten Parthien irren lassen.

sen. Wir verfolgen den Pfad, auf den uns der
Elbdamm leitete, und gehen den breiten Fuhr-
weg oder den breitern Fußsteig zur Höhe des
Bergs hinauf. Rechts und links laufen bald
einzelne Wege in das Gebüsch, in die dichtern
Pflanzungen hinein; bald treffen wir zur Seiten einzelne Rasenplätze, wo hie und da eine
Statüe stehet, oder wo nur auch ganz einfach
der Rasenplatz sich zeigt, daß wir allein hier, wo
kein Gegenstand der Kunst uns unterbricht, unserer Empfindung und der reinen unentheiligten
Natur uns freuen können. Gehen wir von dem
breitern Fußsteig ab und wenden uns auf den
kleinern, der rechts abgehet, so kommen wir
bald auf die Seite des Berges, wo der Elbstrom
anspielt. Wir verfolgen hier diesen Steig bald
durch kleine Bosquets, bald wieder ganz frei
auf dem Rasenteppich; bald wandeln wir näher
am Ufer, wo wir Sitze von Steinen natürlich
angebracht finden, und bald wieder entfernen wir
uns von dem Ufer, bis wir auf der Höhe von dem
uns gegenüberstehenden Gartenschlosse auf
der Anhöhe des Berges überrascht werden.

Wir

Wir verweilen hier einige Augenblicke bei
diesem Mittelpunkte der Anlage, der Schönhei-
ten, die sich um dieß ländliche Haus herumziehen, wo der edle Schöpfer dieses freund-
lichen Aufenthalts bisweilen wohnt und hier sein
Werk der Kunst besuchet; und überlassen uns
den Aussichten, die sich uns hier von allen Seiten darbieten. Da auf der Vorderseite dieses
Hauses, wo ich mich mit dir, Wanderer, auf
eine der steinernen Stufen, die zu dem Eingange dieses Gebäudes führen, hinsetze, blicken wir
in die zwei Alleen hin, die beide mehr zur
linken Seite unsers Sizes sich zeigen, und an
deren Ende etwas weißes von Statüen unsern
Blick auf sich ziehet. Uebrigens ist unser irren-
des und herumschweifendes Auge eingeschlossen
und begrenzt bald von dickern Büschen und einzelnen Bosquets von Bäumen, bald haftet er
auf einem einzelnen Stamm, der groß und
mächtig seine Aeste verbreitet, oder in fünf und
mehr getheilten Stämmen von einer Wurzel
aufstehet. Rechts erblicken wir auf diesem unsern Size zur Seite dieses Schlosses ein kleines
rundes

rundes von gebrannten Steinen aufgeführtes
Gebäude, und dieses ist die K ü ch e, die selbst in
dieser Gestalt und in dieser ihrer einfachen Bauart mit dieser einfachen Natur, die sich hier zeigt,
harmonirt und diesen ländlichen Aufenthalt na-
turvoller und noch ungekünstelter macht.

Gehen wir diese Alleen, die wir auf unserm
Ruhesitze der steinernen Bänke des Gartenschlos-
ses erblickten, hinab und kommen zu den S t a -
t ü e n, deren glänzendes Weiß zwischen den grünenden Bäumen uns an sich zog: so finden wir
hier in der einen Allee, die durch die Bäume und
das Gebüsch gehauen ist, einen t a n z e n d e n
F a u n, und an dem Piedestal desselben drei zu
dieser einzelnen Parthie passende, vortrefliche
I n s c h r i f t e n. Auf der Vorderseite dieses Pie-
destals zeigt sich ein Kranz in Stein gehauen;
und auf den drei übrigen Seiten eben folgende
kleine Dichtungen.

1.

Dem Städtegetümmel der Sorgengebiete
Enteilet die Freude besuchet die Fluten

C   Wann

Wann Luna die schweigenden Haine durchirrt,
Belauschen uns Hirten und tanzen uns nach.

Behrisch.

II.

Es webet, wallt und spielet
Das Laub um jeden Strauch,
Und jede Staude fühlet
Des lauen Zephyrs Hauch
Was nur vor Augen schwebet
Gefällt und hüpft und singt
Und alles, alles lebet
Und alles scheint verjüngt.

Hagedorn.

III.

Hier reizt der Nachtigall Lied
Durch tausend laufende Töne,
Der West im Rosengebüsch
Bläst süsse Düfte zur Flur,
Dort strahlt im glänzenden Strom
Das Bild ehrwürdiger Eichen
Und flieht nebst Ufer und Strauch
Des Schiffers gleitenden Kahn.

Kleist.

Wir verlassen diese Statüen, gehen durch
einen kleinen Seitengang durch das Gebüsch zu
der

der zweiten Allee mehr links, und finden hier ein rührendes Denkmal — eine große Urne auf einem großen Piedestal stehend, die, wie folgende Inschriften zeigen und das an der Urne in halberhobener Arbeit ausgehauene Portrait nur zu deutlich zu erkennen giebt, einem tapfern Helden und eben so menschenfreundlichen wohlthätigen Menschen geweihet ist.

In dem Siegesfeld
Sank Er,
Der Offene, der Heitere,
In Feldern des Friedens
Da sehen wir Ihn wieder,
Den Mitwandler in Gefahren,
Deß Blut so frühe floß.

———

Wilhelm
Graf von Anhalt
Geboren
Den 15. Merz MDCCXXVII,
Blieb
In der Schlacht bei Torgau
Den 3. November MDCCLX.

———

Dieß Denkmal ward ihm von zwei Freunden Franz und Behrenhorst gestiftet.

Hinter

Hinter diesen beiden Alleen, wenn wir uns von diesen Statüen weiter in das Gebüsch versenken, kommen wir auf einen weiten schönen von Bäumen eingeschlossenen Rasenplatz, wo die wahre Ruhe des ländlichen Lebens, des sich Ueberlassens seiner eigenen Gefühle, zu herrschen scheint. — Hier laß uns verweilen, Wanderer, hier laß uns mit langsamen Schritte auf- und abwärts wandeln, wo wir der Thorheit der Welt, ja unseren eigenen stürmischen Empfindungen entronnen sind. Zirpende Grillen wiegen uns hier in Ruhe, und der Gesang manches einsamen Frühlingsvogels, der sich in dieses stille Gebüsch geflüchtet hat, ruft freundliche Gestalten in unserer Erinnerung hervor, die uns das Leichte, das Schwebende auf diesen Wogen des Lebens erblicken lassen!

Aber jetzt gehen wir wieder aufwärts diese Alleen, wo jene Statüen sind, hinauf zu dem Schlosse, vor diesem Gartenhause vorbei, und den Weg abwärts auf die andere Seite des Bergs, wo wir bald wieder ein kleines Thor finden,

finden, das nebst dem Staket, das diese Anlage umschließt, die innre Umzäunung des Gartens bildet. Auf diesem abwärts gehenden Wege erblicken wir links nicht weit entfernt vom Wege ein Gebäude, welches Pferdeställe und einige andere kleine Wohnungen enthält. Und auf diesem Wege, wenn wir ihn wieder aufwärts hinter diesem Gebäude zurück verfolgen, kommen wir dann bald — das Hahngeschrei verkündigt es dem müden erschöpften Wanderer — zu der Wohnung des Gärtners, die still, einsam, hinter Gebüschen und Pflanzungen verborgen liegt.

Neben diesem Gärtnerhause, das als einsame Wohnung eines hieher geflüchteten Einsiedlers ein ganz romantisches Ansehen hat und wo dieses romantische durch die Garten= und Hausgeräthe, die sich in dem Hofe an diesem Hause zeigen, durch den auf dem Staket aufgestürzten Krug und durch die Milchgeräthe, die auf den Bänken angelehnt sind, so zufällig noch romantischer gebildet wird, ist eine Fasanerie und

hinter

hinter dieser und dem Hause des Gärtners ein
kleines Stück von angelegtem Blumengarten, von Baumschule, hinter welcher wir
bald wieder die Umzäunung dieser ganzen Anlage wahrnehmen.

Hier treffen wir aber wieder, nachdem wir
von dieser stillen einsiedlerischen Wohnung des
Gärtners den Fußsteig vorwärts gegangen sind,
in die eine Allee, die wir vorhin zu der der Statue des tanzenden Fauns hinabgingen. Wir
wenden uns wieder zu dem Schlosse und genießen nun hier nach unserer Wanderung der
lachenden Aussichten, die wir auf der Hinterseite
dieses Gebäudes auf den Elbstrom und die mit
Weiden besetzten und Wald umgebenen Ufer haben. Welchen schönen Anblick genießen wir
hier bei der Wendung, welche die Elbe macht!
Wir stehen gerade in dem Mittelpunkte des Bo-
gens, in dem das Wasser hier vor diesem Berge vorbeifließt. In einem entfernten Bogen
kommt es, und in einem entfernten Bogen flie-
het es wieder von uns. Da haftet unser Auge

auf

auf das schmale tiefere mit Weiden und Gesträuch
bewachsene Ufer, auf die kleinen sich hin und her
windenden Gänge, zu denen wir auf einer kleinen Treppe hinabsteigen können. Hier in allem
genießen wir der ländlichen Aussicht, die nur
die Natur, so einfach sie auch bilden mag, geben kann!

Mit dieser ländlichen einfachen naturvollen
Aussicht stimmt auch das Gebäude, welches den
Mittelpunkt unserer schönen Ansicht bezeichnet,
und hinter welchem wir stehen, mit dieser ländlichen Scene auch das Innere dieses Garten-
schlosses überein, in welchem wir alle die Ver-
gnügungen, welche nur Thomson in seinen
Jahreszeiten dichtet, und welche das Landleben
bezeichnen, abgebildet sind. Hier finden wir
auf Bildern alle Arbeiten des Landes in allen
seinen Arten und Beschäftigungen abgemalt.

Welche süße frohe Ruhe ergießt sich aber
über diesen ganzen Berg und herrscht in allen
Anlagen! — Es ist unmöglich, daß ich jede einzelne

zelne Parthie von Sträuchern, in welcher be=
sonders diese oder jene Empfindung genähret
wird, jeden einzelnen Gartensitz, der uns diese
oder jene Aussicht zeigt, jede hohe bejahrte Ei=
che aufzählen kann, bei der wir stehen bleiben
und in ihrem Alter, in ihrer Stärke Veranlas=
sung zur Ruhe, zum Gefühl unserer selbst fin=
den. Ueberhaupt ist Mannichfaltigkeit, Ab=
wechslung nicht der Charakter dieser Anlage;
nur Einfachheit, Naturgleiches Bilden und
sich gleich bleibendes Schaffen der Ausdruck, in
welchem die Kunst der Natur hier zu Hülfe ge=
kommen ist. Der ganze Berg ist mit Eichen
und andern Stämmen dieser Art besetzt, und es
ist ein Eichenwald. Durch diesen Eichenwald
sind einzelne Rasengänge und Wege geschnitten,
in demselben manche einzelne kleine Parthie von
niedrigem Gesträuch angebracht, wenig von aus=
ländischen Hölzern und Pflanzungen, nur so
viel, als zur Abwechslung nöthig war; man=
cher blühende Strauch neben einer hochstäm=
migen Eiche oder Tanne gepflanzt, hie und da
eine Statue, ein Gartensitz, ein verstecktes Gar=
tenhaus

tenhaus, und dieses ist es, was dieser Ge=
gend Mannichfaltigkeit und Abwechslung
giebt. Die Empfindungen des Herzens, das
Interessirende sollte hier genährt und unter=
halten werden. Daher durfte nicht Man=
nichfaltigkeit, eine Verschönerung da seyn, wel=
che mehr zur Phantasie sprach, als nur eine sol=
che, welche das Herz sich in seinen Gefühlen wie=
gen ließ. Die Verschönerung, die Pflege dieser
Anlage dient hier bloß, daß wir nicht ganz in
eine Wildniß, in einem einzelnen finstern Orte
der Einsamkeit zu wandeln glauben.

Kannst du die, Wanderer, den ich mir zur
Seite denke, durch diese kurze Beschreibung ein
Gemälde von diesem Berge bilden: so habe ich
erreicht, was ich mit dieser Schilderung errei=
chen wollte. Ich habe einen allgemeinen Umriß
von einer wirklichen Anlage gegeben, die alles
vorhergehende, was ich von dem deutschen Garten
gesagt habe und alles folgende noch durch Er=
fahrung bestätigen soll. Wende nun alles fol=
gende, was ich als Eigenthümlichkeit des deut=
schen

schen Gartens auseinandersetzen werde, auf diese Anlage des Bergs an: und das Gemälde ist
vollendet, das ich dir von dem Geschmacke desselben geben wollte.

———————

Das Interessirende und Interesse, welches
der deutsche Garten malen soll, ist nicht ein so
einfaches, daß man glauben könnte, es wären
hier dem Künstler zu enge Grenzen gesteckt, in-
nerhalb welchen er sich halten müße, daß er
gleichsam nur ei'ne Farbe habe, mit welcher
er sein Gemälde darstellen dürfe. Denn welche
Mannichfaltigkeit von getheilten und unendli-
chen mit einander verwandten Empfindungen
eilen hier auf uns zu, da wir das Interessirende
nennen, und die alle in diesem wie in einem
Mittelpunkte begriffen sind! Ich darf nur die
Namen dieser Gefühle nennen, um zu zeigen,
was der Schöpfer eines solchen Gartens malen
kann, und was er für einen großen weiten
Reichthum hat, aus dem er schöpfen und bilden kann. Das moralisch Gute, welches mit
jenem

jenem Intereſſirenden verwandt iſt, und mit
welchem wir das Intereſſirende erklärt haben,
iſt das Allgemeinſte, in welchem die anderen Empfindungen, in welche ſich das Intereſſe theilt,
als Modificationen zuſammenlaufen: und unter
dieſem Allgemeinſten ſtehen die Gefühle von Ruhe, von ländlicher ſtiller Einfalt der Natur, von
dem wahren Frieden der Natur, von ihrer Un-
ſchuld, von der Einfachheit der Sitten, der Rein-
heit des Herzens, der Liebe mit allen ihren einzelnen Erſcheinungen und Schildereien -- kurz,
alle die Empfindungen, welche wir in den Ge-
dichten eines Hölty, Matthiſſon, Geßner gema-
let finden. Dort in jenem einſamen Haine, den
der Künſtler in ſeinen deutſchen Garten gepflanzt
hat, finde ich einen Platz, wo die Bäume, die
Büſche weniger geordnet ſind, wo ſie ihre Zweige und ihre Wipfel nachläſſig hinſtrecken, wo
ſich auf der Erde ein windendes Geſträuch bildet, ein artiges Gewebe von Hin- und Herlau-
fen, von Labyrinth, in dem ſich das Auge und
mit ihm die Gedanken des Wanderers verlieren; hier eine Inſchrift der Erinnerung geweihet —

het — o wie wohl thut dieses der Empfindung
jedes Wanderers! Von dem hohen Gefühle des
Schönen weggewandt, das er in dem engländ=
dischen Garten in voller Fülle hatte, wird er
hier in seinen eigenen frohen und wehmüthigen
Empfindungen sich laben, und Ruhe, Friede,
Zweifel, Wehmuth — kurz, moralisches Inter=
esse wird hier das Gefühl seyn, das seine Seele,
sein Herz belebet und in seinen ersten Tiefen mit
einer lebendigen Wärme gleichsam mehrerer Em=
pfindungen fähig macht. Da im deutschen Gar=
ten sehe ich in seiner ganzen Form des Umrisses,
in seinen einzelnen und größeren Theilen, in sei=
nen kleinen und größern Parthien, selbst um den
Garten herum eine gewisse frohe Nachlässigkeit;
diese Nachlässigkeit aber durch die Kunst veredelt,
durch die Kunst zu einer gewissen Leichtigkeit ge=
reiniget, und welche andere Empfindungen, wel=
chen andern Genuß muß man also hier haben,
als in dem engländischen Garten, wo der Künst=
ler alle Kräfte anwandte, um die schönsten,
abwechselndsten, mannichfaltigsten Parthien zu
veranstalten, diese Parthien durch Statüen,

durch

durch große Seen zu erheitern, zu verschönern, kurz, wo durch alle mögliche Hülfsmittel der Künstler hier ein Ideal von Gegend, welches die Einbildungskraft und Phantasie auf ihren unermüdeten Schwingen kaum erreichen kann, aufgestellt hat.

Die Natur und das Naturschöne zeigt sich als solches eben dadurch, daß wir eine gewisse ungebundene Nachlässigkeit in ihren Werken wahrnehmen, durch welche der absichtliche Zweck des Schönen verborgen wird, daß wir hier nicht alles so bloß auf das höhere Schöne berechnet, sondern hie und da durch äußere Bedingungen die Schönheit gleichsam eingeschränkt und gehindert sehen: zweitens dadurch, daß wir in allen ihren Formen, welche das Gefühl des Schönen gewähren, eine gewisse Zufälligkeit wahrnehmen, wodurch gerade das Naturschöne vor dem Kunstschönen hervorgehoben wird, indem der Künstler, so sehr er auch die Natur nachahmt, doch nimmermehr da, wo er die Natur verschönert, diese Zufälligkeit, diesen

Schein

Schein des zufälligen Ohngefährs von der Natur abcopieren kann. Denn in einem engländischen Garten, wo wir Statüen, größere und
kleinere Seen in schöne Formen gebracht, größere und kleinere Parthien in der angenehmsten
Abwechslung und Aufeinanderfolge unter einander wahrnehmen: wie und woburch sollten
wir hier auf den Gedanken kommen, daß alles
dieses zufällig veranstaltet, so bloß als eine
glückliche wohlthätige Laune der Natur, ohne
daß sie diesen Zweck des Schönen hatte, hinge-
worfen seyn sollte? Bei diesen charakterischen

unter den Namen Nachlässigkeit und Zu-

überdieß der Künstler, welcher einen deutschen
Garten anlegen will, so von der Verschönerung
und den Mitteln der Verschönerung Gebrauch
machen, daß sie die Wirkungen der Nachlässigkeit
und Zufälligkeit, welche er über und in seine
Parthien gebracht hat, nicht hindern und un-
terdrücken.

Die

Die unterſcheidenden Merkmale in Abſicht auf Form und Anlage ſcheinen mir aber zwiſchen dem **engländiſchen** und dem **deutſchen** Garten folgende zu ſeyn.

1.) Der **engländiſche Garten** ſoll das Schöne der Natur in ihren Landſchaften, in ihrer Zuſammenſetzung der landſchaftlichen Producte darſtellen. Zu dieſen landſchaftlichen Produkten aber gehört nicht bloß der einzelne Baum, das einzelne Gebüſch, nicht bloß das, was wir mit der Hand umfaſſen und greifen können; ſondern alles, was nur im Großen und Kleinen eine Landſchaft mit ihren ganzen weiten Ausſichten und Anſichten, mit ihren weiten Plätzen von Seen, Wieſen, Feldern, Wäldern und Bergen bildet. Nun aber ſcheint mir daraus das erſte Haupterforderniß eines engländiſchen Gartens zu entſtehen, daß er **weit**, **groß** ſei, daß er eine wirkliche Landſchaft, eine landſchaftliche Gegend in ihrem ganzen Umfange bilden muß. Ein beſchränkter in einen engen Raum eingeſchloſſener Garten

Garten, wenn er auch noch so reichlich mit
fremden Hölzern und Pflanzungen geziert ist,
noch so viel von Kunst und Aufwand in sich
enthält — kann ich mir nicht denken, daß er
ein engländischer Garten sein könne, indem hier
der er ste wesentliche Charakter einer Land=
schaft, die entfernte Aussicht und Ansicht, die
Uebersicht über alles einzelne wegfällt.

Der deutsche Garten aber soll das
Interessirende der Natur, das Interesse
des Naturschönen malen und darstellen. Nun
aber scheint mir zu dieser Darstellung und Ma=
lerei des Interessirenden gar nicht weite Aus=
sicht und Ansicht, weiter Horizont, ferner Him=
mel nöthig zu seyn; ja vielmehr glaube ich,
daß hier die Empfindungen des Interessirenden
mehr in einem stillen, kleinen, einge=
schränkten Platze, wo der Mensch sich nur
selbst fühlt, wo er sich selbst ist und sein ist, ge=
nährt werden: wie das Herz, die Mutter des
Interessirenden, sich gern an einzelne Gegen=
stände anschließt, die Einbildungskraft und
Phan=

Phantasie, die Geberin und Empfängerin des Schönen, mehr gern zu weiten entfernten Gegenständen, von einer Mannichfaltigkeit zur andern hineilt. Daher auch mir nicht allein nicht ein weiter ausgedehnter Raum zu einem deutschen Garten nöthig, sondern selbst ein solcher enger, eingeschlossener, stillerer Raum das Eigenthümliche des deutschen Gartens zu seyn scheint, wo seine Anlage, seine Kunst allein gedeihen kann.

2.) Der engländische Garten soll das Schöne der landschaftlichen Natur zeigen. Dieses kann nur in einer Mannichfaltigkeit, durch die reichhaltigste Abwechslung, durch die verschiedenartigste Zusammensetzung der landschaftlichen Producte bestehen: daher auch, daß in einem engländischen Garten die Kunst alle mögliche Mühe anwenden muß, diese Mannichfaltigkeit, diese Abwechslung, diese Verschiedenheit der Formen, der Composition im Großen und Kleinen zu zeigen. Ja auf diese Mannichfaltigkeit und dieses ab-

D   wechseln-

wechselnde Spiel in den Formen ist auch die
nothwendige Aufnahme fremder Hölzer und
Pflanzungen, wo die Natur freier und mannichfaltiger spielt, berechnet: daher auch wieder ein
unterscheidender Charakter, der dem d e u t s c h e n
G a r t e n zukömmt, daß

d i e s e r bei wenigerer Abwechslung, bei
einer geringern Mannichfaltigkeit von Gegenständen und von Composition eben so gefällt
und vielleicht besser, als bei einer größern und
einem zu großen Aufwande von Abwechslung
und ermüdender Mannichfaltigkeit. In einem
engländischen Garten muß alles zusammengesammelt seyn, was nur das Schöne der Natur
in ihren landschaftlichen Producten und der Zusammensetzung derselben zeigen kann: allein in
dem deutschen Garten — wozu, zu welchem
Endzweck diese Mannichfaltigkeit, da das Interesse und Interessirende schon in einer einförmigen, einfachen landschaftlichen Parthie genug
Nahrung und Belebung findet! Wie schön
könnte und sollte nicht ein deutscher Garten auch
aus bloßen einheimischen Hölzern und Pflanzungen

gen unſeres Himmelsſtrichs gebildet werden, da
es hier nicht auf abwechſelndes Spiel und Unterhaltung der Kräfte der Phantaſie und Einbildungskraft allein oder auch nur zum größten
Theile ankommt! — obſchon auch hier in dem
deutſchen Gärten, da er die Verſchönerung zum
untergeordneten Zweck hat, die Pflanzung
von fremden Hölzern nicht zu verwerfen, ſondern vielmehr zu billigen iſt.

3.) Der engländiſche Garten ſoll
das Schöne der landſchaftlichen Natur in der
Zuſammenſtellung ihrer Parthien, ihrer einzelnen Theile und Producte zeigen. Daher daß
auch in einem engländiſchen Garten die genaueſte
Sorgfalt auf den äußern Umriß, die
Grenzen gleichſam des Gartens und
der innern Theile deſſelben gewandt werden muß. Das Schöne beſtehet faſt allein in
der Form, in der Vereinigung und Zuſammenſtellung der Parthien; daher, daß der Künſtler
des engländiſchen Gartens hier die ſchöne Form
des Gartens, in welche ſich die einzelnen Par-

thien

thien und einzelnen Anlagen vereinigen, durch
eine Einheit, welche sich über den ganzen Garten verbreitet, bemerkbar machen muß.   Ich
meine, es muß hier eine eben so genaue und
weise Composition seyn, wie in einem musikali-
schem Stücke, wo das Thema bis zum Ende durch die mannichfaltigsten Melodien und
Theile durchgeführt ist, daß das Stück Einheit
hat.   Eine solche Einheit, welche die schöne
Form des Gartens bemerkbar macht, ist nun
durch höhere Standpunkte, an welchen sich das
Auge orientiren kann, und welche die Form des
Gartens bezeichnen, zu gewinnen.   Natürlich
freilich aber auch, daß diese höhern Standpunkte
mit Sparsamkeit, mit Klugheit müssen angelegt seyn, daß sie den Regeln des Schönen und
der Composition im Großen und Kleinen gemäß
sind.

Aber der deutsche Garten bedarf nicht
einer so genauen und auf das Schöne berechneten
Form seines Umrisses, seiner Anlagen.   Der
Mensch in seinem natürlichen Gefühle
des

des Herzens, in seinem moralischen Interesse für alles Gute und Wahre, für alle die Empfindungen und Gefühle, welche mit dem Wahren und Guten in Gemeinschaft stehen, wandelt hier. Und wozu die Form, an welcher das Auge sich weidet, wozu die ausgesuchte idealische Composition der Anlage, in der die Einbildungskraft üppig umherschweift? da hier das Herz des Menschen durch die Sprache der Natur, durch ihre reine heilige Nachlässigkeit, mit welcher sie Ruhe und Frieden giebt, unterhalten werden soll. Ein deutscher Garten mag also immer ein mehr oder weniger regelmäßiges, oder mehr oder weniger aus Schönheit berechnetes Ganzes seyn.

4.) Der engländische Garten ist verschönerte Darstellung der landschaftlichen Natur: daher das Gesetz und die Erlaubniß, daß in engländischen Anlagen Statüen, Gebäude, an welchen die Kunst Meisterstücke liefert, seyn können und müssen. Jene Statüen liefern schöne Ansichten, geben oft einer Parthie

eine

eine bestimmte ausgezeichnete Bedeutung, er,
heben die ganze Parthie mehr zur Dichtung.
Jene Gebäude bringen aber überdieß auch noch,
außer der Verschönerung, eine besondere Indi,
vidualität in die Anlagen, welche Individuali,
tät bei jedem Kunstwerk seyn muß, wie in der
Landschaftsmälerei die Staffage. Aber auch
diese idealisirende Verschönerung der landschaft,
lichen Natur durch Statüen und Gebäude ist
in dem

deutschen Garten nicht nöthig, ja wi,
der seinen Charakter. Die einfachste ländliche
Natur mit ihren Bedeutungen und Beziehun,
gen auf das moralische Gefühl und auf die man,
nichfaltigsten Aeußerungen desselben ist hier am
willkommensten. Ein blühender Baum mit
seinen Blüthenregen, ein Gebüsch mit seinen sich
gattenden, zur Erde nachläßig und zerstreut
herabhangenden Zweigen ist hier willkommener,
sprechender, als die Statüe, mit der nur der
Gärtenkünstler die engländische Anlage, die beste
schönste Parthie derselben zieren konnte. Da um
den deutschen Garten herum frohe Aussicht auf
Anger

Anger und Wiese, auf weidende Heerden, auf
Felder voll Korn, auf einsame Gebüsche, auf
ein einsames Dorf — das ist es, was den Charakter des deutschen Gartens am besten malen,
sein Interesse und sein Interessirendes am besten
vermehren kann.

5.) Der engländische Garten soll die
schöne landschaftliche Natur in ihrem Großen
und Kleinen zeigen, der Wanderer gehet in diesem wirklich großen Gebiete der Landschaft selbst
herum: daher, daß hier der Künstler auf ausgesuchte schöne Formen, auf schöne Verbindung
der einzelnen kleinen Parthien, und, daß der
Wanderer Abwechslung habe, auf Abwech-
lung des Genusses, der Schönheit
mit dem Angenehmen, und des Angenehmen mit dem physischen Wohlbe-
hagen sehen muß. Aber in einem

deutschen Garten ist auch diese sorg-
fältige Abwechslung von mannichfaltigen Parthien, diese angebrachte Sorgfalt für den ab-
wechselnden Genuß jeder Art nicht nöthig: denn
der

der Garten ist klein, der Wanderer gefällt sich
so sehr und so allein in dem nie ermüdenden Interesse, welches diese Anlage für das Herz giebt.
Und Abwechslung, zu große Mannichfaltigkeit,
zu ausgesuchte kunstreiche Formen würden hier
jenes Interesse mehr vermindern als stärken.

Dieß halte ich für die unterscheidenden
Hauptzüge des Charakters des deutschen und
engländischen Gartens. Dieser ist verschönerte Darstellung der landschaftlichen Natur; jener, Darstellung der
interessirenden landschaftlichen Natur. Jener ist Landschaft im wahren ei-
gentlichen Sinne des Worts; dieser nur gleichsam eine Partbie von einer Landschaft, ein
kleines interessirendes Landschaftsgemälde, in
dem sich der herumschweifende Blick selbst bei
diesen beschränkten Formen und dieser beschränkten Aussicht wohl gefällt.

Der deutsche Garten hat nicht minder Anspruch auf den Namen Kunst, Kunstan-
lage,

lage, als dem engländischen Garten längst
dieser Anspruch ist zuerkannt worden. Denn
auch dort wird das Schöne dargestellt, nur aber
als Naturschönes, in wie fern es ein Interesse
giebt und in wie fern also hier die Kunst ihr
Verschönern und Idealisiren vergessen muß.
Auch hier unterscheidet sich der deutsche Garten
von bloßen Naturanlagen, oder von solchen
Gärten, die dem Nutzen oder dem bloß Ange=
nehmen geweihet sind. —

Ich habe geglaubt, durch diese wenigen
Bemerkungen, durch diesen Aufsatz nichts un=
verdienstliches zu liefern, in wie fern er nämlich
diesen besondern Gegenstand mehr in unseren
Zeiten, die diese schöne freundliche Schwester
der Künste, die Gartenkunst, so sehr bilden
und pflegen, zur Sprache bringen und mehr
Aufmerksamkeit auf ihn erregen kann. Wenn
der engländische Garten als Kunst Vorzug vor
dem deutschen Garten hat: so hat dieser wieder
nicht weniger Vorzug vor jenem, in wie fern er
gleichsam populairer, allgemeinverständlich zu

dem

dem moralischen Sinn eines jeden spricht, und
so auch selbst der moralischen Ausbildung näher
liegt, als der engländische Garten, dessen Genuß eine höhere, feinere Ausbildung des Kunst-
gefühls zu verlangen scheint; ja in wie fern
selbst jener mehr für den Mittelmann ist, der,
da es nicht in seinem Vermögen stehet, mit un-
geheuren Kostenaufwand eine Landschaft, die
engländischer Garten heißt, anzulegen, sich doch
einen Garten im deutschen Geschmack
bilden und schaffen kann.

Wittenberg.

Grohmann.

II.

II.

Beschreibung

des

Gartens zu Dieskau

im Saalkreise.

(Aus einem Briefe an eine Dame; vom Junius 1796.)

Ein Freund holte mich zu einem Spazierritt ab. Wir trabten auf einem einförmigen Feldwege, durch wohlaussehendes Getreide, über Brückdorf, an einem Teiche unter Weidenschatten hin, und dann zwischen hohen, lombardischen Pappeln nach — Dieskau, das der Herr Kanzler von Hoffmann durch seine Landwirth-

schaft,

schaft, seinen Garten und seine Mahlzeiten be-
rühmt gemacht hat.

Wir gingen gerade in den Garten durch einen Eingang, zwischen dem Wohnhause und der
Kirche, auf welchen eine breite Baumstraße
führt. - Das Haus stößt mit zwei Seiten an
den Garten, der vor der schmälern Seite des
Hauses und dessen Ausgange ein mäßiges Viereck
macht. Auf dessen rechter Seite, in einer
Richtung mit der Kirche, wird er von einem
steinernen Gewächshause begrenzt, dessen einfache Vorderseite über der mittelsten Glasthüre
die einfache Inschrift hat:

Florae et amicis *)

Oben darüber ist eine Sonnenuhr angebracht, welche das Merkwürdige hat, noch vom
Herrn von Segner, dem hallischen Mathematiker, berechnet worden zu seyn.

Auf

*) Der Flora und Freunden.

Auf der dritten Seite, dem Wohnhause ge=
genüber, ist, außer grüner Verkleidung der
Wand, nur ein Vogelhäuschen mit allerlei klei=
nen Vögeln und einer Laube dabei. Dazwi=
schen breite Sandwege, die einen mäßigen run=
den Rasenplatz einfassen.

Die vierte Seite führt etwas abhängig zwi=
schen sehr schönen Rasenstücken und Blumen=
klumps, neben einer gebrannten weißen Urne vor=
bei, weiter in den Garten. Wenn man vor dem
Rasenplatze, mit dem Rücken nach dem Gar=
tenhause steht, so hatte man sonst eine äußerst
liebliche Ansicht des engen Gartenthals, das in
dem herrlichsten Rasenteppiche bestand, von bei=
den Seiten mit lombardischen Pappeln, ameri=
kanischen Kiefern, Platanen u. dergl. kunstlos
abwechselnd in schöner Unordnung eingefaßt,
querdurch von einem Kanale durchschnitten,
und hie und da mit blüthenvollen, duftenden
Geisblattsträuchen bepflanzt. Ein paar Her=
men schimmerten unter dickbelaubten Bäumen
hervor, und das reizende, länglichte Thal hob

sich

serbecken erblickt, das schon im Umfange des Ge-
müßgartens liegt, und ein paar zahme Schwä-
ne beherbergt. Bald darauf verließen wir die
Hauptrichtung dieses Weges, (nach dem sinesischen Hause hinauf,) schlüpften in einen schat-
tigen, duftenden Gang von mannichfaltigen Na-
delholzbüschen und Blütensträuchen, der rechts
Rasen mit einzelnen Büschen, Gruppen und
Obstbäumen, links den Gemüßgarten hat, und
uns zuletzt durch eine Krümmung rechts zu einem sehr angenehmen, gesellschaftlichen Gartenhause brachte, das mir neu war. Es liegt etwas höher, als der Weg, links; an der einen
schmalen Seite des Gartenrechtecks, das mit
der andern an das Eingangsthal gerückt ist.
Die vorderste Seite ist ganz offen, und das
Ganze von unbehauenen Stämmen fest gebaut,

Felder dazwischen statt der Tapeten mit dürrem
Schilfe ausgelegt, im längern Hintergrunde auf
ähnlichen Holzstämmen ein breites, niedriges,
sehr bequemes Faulbett, an welches sich auf beiden schmälern Seiten ähnliche Kanapees anschließen,

schließen, mit Moos und Matten weich gepol-
stert. Das Dach ist von Schindeln, mit einer
Art von kleiner Laterne in der Mitte, die von
kleinen, natürlichen Aesten getragen wird, so
wie die Halle um die drei vordern Seiten des
Hauses von großen Stämmen und Aesten, die
nach gothischem Geschmacke zusammengefügt
sind. Der Grund, worauf das Haus steht,
macht ein Viereck, das mit kleinen runden Kie-
seln gepflastert ist. Seine Lage (auf dieser Seite am Ende des Gartens) ist so ruhig und einsam, daß seine Größe und seine sichtbare Bestimmung für Gesellschaft dem Orte widerspricht.
Wenig Schritte von dem Hause steht auf der

und die man vom Faulbette aus der Länge nach
übersieht, ein runder Altar, worauf ein kleiner
sitzender Amor eine Nachtigall mit seinem Pfeile
füttert. Alles nicht übel in Sandstein gearbeitet.

An der Vorderseite des Altans steht, der
Rundung wegen etwas mühsam zu lesen:

E   Dich

Dich hat Amor gewiß, o Sängerin, fütternd er-
zogen,
Kindisch reichte der Gott dir mit dem Pfei-
le die Kost.
Schlürfend saugtest du Gift in die unschuldige
Kehle,
Denn mit der Liebe Gewalt trifft Philome-
le das Herz.

Man bedauert, daß das Geschwätz und La-
chen einer Theegesellschaft die Stille des Plätzchens betäuben, und Amors Nachtigall verscheu-
chen soll.

Ein ebener hölzerner Steig mit einem recht
artig aus Aesten geflochtenen Geländer führt
ganz nahe bei Amorn über einen kleinen meistens trockenen Graben sogleich zu einer dunkeln Wurzelhöhle mit Moossitzen. Sie ist
unregelmäßig, an sich recht gut angelegt, aber
doch gar zu nahe bei jenem Gartenhause. In
ihrem Hintergrunde ist ein Ausgang auf das
Feld; allein man würde eher einen Eingang in
ein unterirrdisches Gewölbe vermuthen.

Von

Von hier aus geht man, ziemlich parallel
mit dem Herwege, in gekrümmten Gängen nach
dem sinesischen Hause zu. Dieser Gang ist vorzüglich, und war schon ehemals mein Liebling.
Die reichste Abwechslung schöner Sträuche unterhält das Auge durch ihren Bau, ihr Grün
und dazwischen sehr reichlich und geschmackvoll
ausgestreute Blumen und andere Blüten, indem
man von den süßesten Düften umweht, und von
den lieblichsten Vögeln umsungen und umhüpft
wird.   Auf einem etwas düstern Platze findet
man eine einsame Urne, ziemlich groß, doch in
gutem Verhältnisse, die anliegenden Henkel und
sie selbst mit Schleier von — Stein umhan-
gen, den Deckel mit recht gut gearbeitetem
Laubwerke beworfen.   Das Fußgestell ist rund,
abwärts gerieft, mit einem ebenen Felde
nach der Seite des Wohnhauses zu, von der
auch der Weg herkömmt, den wir bei der
Abschweifung in das angeschobene Rechteck
verließen.   Dahin ist auch die einzige etwas
offene Aussicht von einer steinernen Bank
aus, die sich hinter der Urne befindet.   Auf

dem

dem erwähnten Felde steht mit deutschen Buch=
staben:

Augusten Lüdern,
geb. d. 18. Dez. 1765. gestorben d. 10. März 1778.
Der liebsten, zärtlichsten und folgsamsten Tochter,
voll Sanftmuth, Güte und Gefälligkeit,
heiter und geschäftig,
von Jedermann geliebt.
Ihre Eltern Hoffmann.

Außerdem sind noch einige Inschriften mit
Bleistift und Dinte daran geschrieben, wovon
ich nur eine der Bemerkung werth fand:

Früh mit reifem Verstand, mit Schönheit und
Tugend geschmücket,
sank schon im blühenden Lenz kläglich, Au=
gusta dahin.
Also bricht ein zärtlicher Stamm im Haine Pomo=
neus,
wenn zu häufige Frucht reifend die Zweige
beschwert.

———

Der dritte Ausgang dieses Plätzchens führt
sehr bald vor das anfangs genannte sinesische
Haus,

Haus, welches auf einer aus gemalten Felsen bestehenden Grotte mit vier offenen Eingän-
gen gebaut ist, und die gewöhnliche Gestalt eines
fischer Häuser hat, rund umher mit Figuren bemalt, und hoch über die Grotte hinauf dicht
mit Immergrün, wildem Wein und Jelänger-
jelieber bewachsen. Gleich dahinter läuft eine
Grenze des Gartens; aber im zweiten Stock
auf einem Altan, ist eine weite, angenehme
Aussicht, besonders über Döllnitz und die schöne
liebenauische Aue nach Merseburg hinüber. Im
ersten Stock ist ein Gesellschaftszimmer, von wo
die Aussicht nach dem Gewächshause noch be-
schränkter ist, als sie von dorther war.

Uebrigens kann diese Linie einen Abschnitt
des Gartens machen, und ich führe Sie nun
nach der entgegengesetzten Seite rechts, die sich
als ein drittes Rechteck ziemlich lang aber etwas schmal hinzieht. Der unterste Weg ist
ganz gerade, lang und stets schattig, der älteste
Theil der Anlage. Der oberste, an der Feldgrenze, ist ein ähnlicher, heiterer durch ein lieb-
liches

liches Birkenwäldchen. Wir wählten den mit=
telsten, nicht der Weisheit wegen, sondern weil
da, wie am feurigen Busche in der Wüste, alles
glühte und brannte von den schönsten, mannich=
faltigsten Rosen, besonders von den virginischen.
Es war eine Herrlichkeit, in diesen Düften zu
schwimmen, und die Vögel meinten es auch.
Die süße Sprache, in der sie ihr Vergnügen
ausdrückten, vermehrte das unsrige vielfach.
Dürften wir das auch umgekehrt hoffen? —
Ach nein! wir sind nur Vogelscheuchen! Frau
von B** ausgenommen, die würden die Vö=
gel für eine königliche Rose ansehen, und dop=
pelt schön singen.

Aus diesem reizenden Rosenwäldchen wen=
deten wir uns in den langen geraden Gang.
Da begrüßte uns aus dem Wäldchen links her=
aus ein Apoll in Lebensgröße, ganz nackend, mit
vorwärts gestreckten Armen. Auf der Vor=
derseite seines vierseitigen hohen Fußgestelles
steht:

Henrici

Henrici

Borus Princ.

adventu

d Jul. II. MDCCLXXXIIII *)

Die Bildſäule ſteht etwa 30 Schritte vom
Wege ab. Vierzig bis 50 Schritte weiter ſteht
näher am Wege eine runde, abgeſtußte Säule
auf einem vierſeitigen Fuße, zuſammen etwa 7
Ellen hoch. In der Mitte der Säule, auf ei⸗
nem an Laubwerk hängenden Medaillon, nach
dem ſineſiſchen Hauſe zu, alſo nicht nach dem
Gange gekehrt, aber doch vom Gange aus les⸗
bar, ſteht:

Dein
Frieden,
d. 13. Mai
1779.

Wenn man ſich nun bald von dem Haupt⸗
wege links ab ſchwenkt, ſo kömmt man zu einer
der ſchönſten, wo nicht zur ſchönſten Gegend des
Gartens. Der ganze Boden und der immer
gekrümmte Weg iſt uneben, und woget in ſehr

ſanften

*) Auf die Ankunft Heinrichs, Prinzen von
Preußen, d. 2. Juli 1784.

sanften und äußerst angenehmen Wellen von
Erhöhungen und Vertiefungen, die man rechts
hat, und von Zeit zu Zeit mit steten kleinen
Veränderungen zu übersehen bekömmt. Links
ist die Feldgrenze nahe, die meistens durch schöne und mannichfaltige Büsche verdeckt ist. Allenthalben blühen und duften Blumen und
Stauden, wie von der gütigsten Natur unter
Nadelhölzer und andere Sträuche und Bäume
verstreut. Auf einem der nächsten sanften Hügel erhebt sich auf einmal heiter und frei, bei
einer fast ganz offenen Umsicht auch auf einen
kleinen See rechts, eine kolossalische Urne von
nicht ganz alltäglicher Form auf einem vierseitigen Fußgestelle mit der entgegenstehenden Inschrift:

Franz,
dem Freunde
der Rechtschaffenen,
Dessaus Vater
dem
Thätigen,
Wohlthuenden,
Allgeliebten Fürsten.

Auf

Auf der entgegengesetzten Seite:

Ihm

Weihet dieß

von Hoffmann.

Der reizende Weg zieht sich weiter. Man
hat Zeit gehabt, sich in Gedanken zu vertiefen,
oder über den niedlichen, kleinen, ausgemal=
ten — Kupferstichen von Landschaftchen das letz=
tere Denkmal zu vergessen, wenn man unver=
sehens zu einem neuen kömmt. Eine kleine
aber ungeschickte Urne von Sandstein zog, wie
ein Krüpel am Wege, unsere Aufmerksamkeit an
sich. Das trichterförmige Gefäß, geschmacklos
verziert, war mit einer viereckigen Platte be=
deckt, an dessen vordern Seite stand:

geborn d. 25. März 1718.
gestorb. d. 21. Juni 1777.

Da dieß ungefähr mannshoch steht, so ließt
man es auch zuerst, und weiß so viel, als —
Sie itzt, von seiner Bedeutung. Wenn man
dann sucht, so findet man freilich unten am
vierseitigen Fuße:

Dem

Dem
Professor
Georg Friedrich
Meier,
seinem Lehrer
und Freunde,
Hoffmann.

Schade, daß das gesetzte Denkmal dem da-
maligen Geschmacke des Stifters nicht so viel
Ehre macht, als der Gedanke, es zu setzen, seinem Herzen! Indessen, das Uebrige umher ist
gut. Die Urne steht unter einem Schilfdache,
das von acht natürlichen Baumsäulen getragen
wird; und diese Baumsäulen sind durch niedri-
ge, bequeme hölzerne Sitze ohne Lehne verbunden, zwei gegenüberliegende Ausgänge ausgenommen. Rechts ist eine Aussicht auf den See,
und ein darin angelegtes scheinbar schwimmendes
sineßisches Haus, und links ein eingehegter runder
Rasenplatz, wo der Herr Kanzler zuweilen seiner
Gemeine ein Fest giebt, dessen Tänze Professor
Meier sehr gern angesehen haben soll. Nicht
weit davon ist eine Anlage zum Scheibenschießen,
inglei-

ingleichen ein Vogelherd, und auf der Höhe im freien Felde eine luftige, leichte Laube mit umhergepflanzten Pappeln bloß als Ansicht.

Wir gingen durch den zweiten Ausgang der Meierischen Laube wieder ins Gebüsch und abwärts, da man denn bald auf einen Dammweg am See hin kömmt, der, meistens gerade, auf einer Seite noch sehr weit, bis zur Mühle des Dorfs, die ganz allein liegt, und zu einer hohen weißen Pyramide jenseits des Sees führt, wohin zu gehen wir weder Zeit noch Lust hatten. Die Pyramide ist ein Andenken für seinen Arzt, den Professor Goldhagen. Auf der andern Seite führt dieser Dammweg, mit dem bisherigen Wege ungefähr gleichlaufend, wieder zurück, entweder in die gerade Allee nach dem Apoll zu, oder in den vierten Theil des Gartens.

Man kömmt nun an den Hafen, worin einige Gondeln und Kähne vor Anker liegen, und von wo aus man sich auf einer leichten und bequemen Fähre selbst nach dem Wasserhause, das wir von oben sahen, winden kann.

Dieses

—— Dieses Wasserhaus ist ein zierliches, sineß-
sches Gebäude, mit landesüblichen Figuren inwendig und auswendig bemalt, und mit einem
Gange um alle vier Seiten. Das niedliche innere Zimmer hat auf der Hafenseite den Eingang, gegenüber ein bequemes Kanapee und auf
den beiden übrigen Seiten zwei große, helle Fenster. Tisch und Stühle sind einfach. Es muß
äußerst angenehm seyn, bei stürmischem See
und kaltem Wetter in diesem schaurigen Zim-
merchen ruhig und warm zu sitzen, und zu
plaudern oder zu lesen. Allein die meisten Anlagen in der Welt sind nur dazu da, dem Fremden Gelegenheit zu geben, wie schön man sie genießen könnte. Ich habe sie schon so oft gemacht, daß ich mir jetzt gar nicht die Zeit dazu
nahm. Du willst sie zu Hause schriftlich machen, dachte ich, übersah den spiegelnden nicht
kleinen See mit seinen frischen, grünen Ufern,
Goldhagens Pyramide, Franzens Urne und
Meiers Hütte, und fuhr zurück.

Nun erst ging es auf dem Dammwege weiter

ter fort, vor einer meistens kunstlosen Laube, um
eine alte, hohle Erle vorbei, bis wir durch eine
nahe, kleine Urne mit Blumenstauden links von
dem bisherigen Theile des Gartens abgezogen
wurden. Zwei hohe, schlanke Erlen machen
den Eingang zu diesem Platze, den ich das
Stammbuch des Gartens nennen möchte.

An dem Baume links steht auf weißem
Bleche:

„Kein Thal umschließt die Freundschaft, keine
Hügel,
versperren sie; kein Meer
braust unbeschiffbar vor ihr her:
sie hat, wie Amor, zum Verfolgen Flügel,
doch nicht zum Flattern; so wie er.“

An dem Baume rechts, aber abwärts vom
Wege:

„Long may You live, happy
may You be
bless'd with content, from Misfortune free.“

(Beglückt sollst Du, und lange leben;
Zufriedenheit soll Dich umschweben!)

Einige

Einige Schritte weiter steht die erwähnte kleine Urne, am Eingange eines Baumkreises, in dessen Mitte um eine schöne, große Erle eine Rasenbank, und an dessen Umfange einige andere Bänke angebracht sind. Auf der innern Seite des vierseitigen Fußes der Urne befinden sich diese wenigen Wortee: .

Ihrem
Freunde
Muzel Stosch
Hoffmann.

Nach dieser Inschrift zu, also dem Kommenden entgegen, winken zwei Inschriften auf Blech an dem mittelsten Baume:

„Sans l'amitié, sans sa douceur
la vie, helas! est importune.
Que fait le rang et la fortune!
Ah! l'on n'est rien que par le coeur!"

(Nein! wer nicht süße Freundschaft ehrt,
den muß nur drücken dieses Leben!
Was kann uns Rang, was Reichthum geben?
Ah! nur das Herz macht unsern Werth!)

Und

Und gleich darunter:

„In questi prati ameni,
dove contento alberga,
ed alma pace e fede,
non fia mai, ch' aspro fato
turbi con stral nemico
quell' ombra fresca e grata
di mille vaghe piante,
quel soave mormorio
di limpidi ruscelli
fra tremolanti canni.
E poi quel, ch' io pur bramo,
egli è, che in questi luoghi
fra cari e fedi amici
talvolta con amore
sia ramentato anch' io.

Diese schöne Inschrift muß auf der Stelle gemacht seyn, denn sie ist ein Gemälde nach der Natur.

Hier, wo auf angenehmer Aue
Zufriedenheit ihr Hüttchen bauet,
Und hoher Fried' und Treue wohnet,
hier müsse nie des Schickfals Härte
die lieblichen und frischen Schatten
von tausend reizenden Gesträuchen

mit

mit feindlichem Geschoß verletzen;
nie dieses süße Murmeln stören,
womit der Bäche Silberwellen
durch sanftgebeugtes Schilf sich drängen.
Und darf ich dann noch etwas wünschen,
so sei es, daß in diesem Haine
bei theuern und getreuen Freunden
sich liebevoll auch mein Gedächtniß
zuweilen noch erneuert möge.)

Nur die „Silberwellen," die limpidi ruscelli, (auch wohl so etwas von contento ed
alma pace e fede!) sind poetisch in diesen mit
rührenden Zeilen; denn daran fehlt es eigentlich. Die Teiche, deren überhaupt in der Gegend, wohin wir nun gehen, zu viel sind, werden
zum Theil ganz von Schilf überzogen, und haben
zu wenig frisches Wasser. Und der sehr kleine
Bach, der die sämmtlichen 8 bis 9 Teiche hier-
herum, worunter einige sehr beträchtliche sind,
erfrischen soll, schleicht erschöpft, und aus Mangel an Fall sumpficht und modricht zwischen ihnen herum, als suchte er, wie der arme Rhein,
sein Grab im Sande. Auch stirbt er, so viel
ich

ich weiß, eines schimpflichen Todes in einem elenden Froschgraben bei Liebenau, und kommt als ein bloßer Nachdruck, nämlich als Teich-abzug, in die kleine Hydatothek, die Elster. (Ich weiß wohl, daß Sie diesen Witz nicht verstehen können, meine gnädige Frau; aber darum bekümmert sich kein deutscher Schrift- und Briefsteller.) Uebrigens ist besagter armer Bach sogar einer von den vier oder fünf Hauptflüssen des Saalkreises, und heißt die Reide.

Jetzt wieder zurück in den Baumkreis, wo Uns auf der Wasserseite noch ein Baum mit zwei Inschriften auf uns wartet. Oben:

„Couple cheri, qui dans tes lieux tranquilles,
loin du vertige de nos villes,
savourez a longs traits le plaisir d'être heureux;
del má tendre amitié realisez les voeux,
et jouissez de ce bonheur du sage
jusqu' au terme du plus long âge."

(Geliebtes Paar, das hier in stillen Thälern,
vom Hofe fern und seinen Fehlern,
das Glück, vergnügt zu seyn, in langen Zügen
schmeckt,

F   erfüllt

erfüllt den Wunsch, wozu die Freundschaft mich
erweckt,

genießet dieses Glück des Weisen

noch immer, wenn auch schon die Haare längst
euch greisen.)

Unter diesem an demselben Baume:

„Dans ces lieux accueilli par l'aimable amitié
de ce couple charmant, createur de ces charmes,
errant dans ces detours sans peine et sans allarmes
j'ai le seul souvenir de ce jour fortuné,
quand j'ai sçu par mes soins m'attirer leur estime.
En ces momens pour eux je forme mille vœux;
je m'en reserve un seul, et je le puis sans crime,
c'est d'être pour toujours agréable à leurs yeux.“

(In diesen Gründen hier, wo gastfrei dieses Paar,
das rundum Reitze schuf, mit Freundschaft mich
empfangen,

irr' ich, gleich frei von Furcht und Unruh' und
Verlangen,

und denke nur, wie froh die holde Stunde war,
als ich durch mein Bemühn Ihr Zutraun mir ge-
wonnen.

Jetzt bring' ich Ihnen hier viel tausend Wünsche
bar;

nur einer sei für mich mit reinem Sinn begonnen:
stets bleibe mir das Glück, das Ihre Gunst gebar!)

Ich

Ich habe von Seiten der Kunst gar
nichts gegen einen solchen Platz in einem Naturgarten einzuwenden, noch weniger selbst, als
gegen Inschriften anderer Art, welche sonst vor-
zukommen pflegen, und von manchen Garten-
kritikern getadelt worden sind. Was ist natürlicher, als daß man sein Vergnügen über einen
Ort gleichsam befestigen, oder dem Stifter desselben seinen Dank ausdrücken; oder eine schöne
Stelle eines Dichters darauf anwenden will u. s.
w.! Aber der Ort muß einladend seyn, auf
ihm zu verweilen; so bald er einmal gleichsam
eingeweiht ist, so muß er bequem gemacht werden, damit der Wanderer gern da ruhen, lesen
und träumen möge. Das ist hier aber nicht.
Ohne die Inschriften würde man keinen Blick
auf den Platz werfen; es sieht hier beinahe aus,
als käme man in einen ganz gemeinen Grasgarten; und folglich sieht man die Inschriften
fast wie einen unangenehmen Aufhalt an, und
liest sie mehr neugierig, als empfindend.

Aus diesem Baumkreise kommt man auf
einen

einen Teichdamm, der bald über eine sinesische
Brücke führt, von wo aus man rechts den lan=
gen Kanal hinab nach einem dunkeln Schilf=
dache, links aber nach dem heiter in der Ferne
schwebenden Wasserhause, und der weit draußen
schimmernden Pyramide sieht. Dann wendet
sich der schattige Weg rechts in einem rechten
Winkel zwischen einem Teiche und dem Kanale,
und ging sonst allein an diesem Kanale hin bis
an das Ende. Jetzt wendet sich zwischen dem
ersten und zweiten Teiche auf dieser Seite ein
neuer Weg links auch rechtwinklicht von jenem
ab, und führt jenseits an dem zweiten Teiche
hinauf in einer neuen Anlage fort, die, ohne sich
gut beschreiben zu lassen, doch sehr angenehm ist.
Der alte Weg hat etwas düsteres, und ist we=
gen seiner hohen, dickbelaubten, schönen Erlen
bei großer Hiße erquickend, und selbst in der
Entfernung, eben auf diesem neuen Wege, ei=
ne malerische Einfassung des Ufers. Der neue
Weg ist heiter, rechts ganz offen, anfangs nahe
am Wasser, dann an einem Streifen von schö=
nem feinen Grase, das der Besitzer vorzüglich
gut

gut zu halten versteht. Links laufen dichte
Pflanzungen von allerlei meistens ausländischen
Sträuchen am Wege hin, die durch ihre mannichfaltigen Farben und Blüten, und durch
reichlich unter sie ausgestreute eigentliche Blumen ungemein reizend sind. Besonders brannte jetzt allenthalben die virginische Rose vor.
Es ist überhaupt ein Vorzug vom Dleskauer
Garten, daß zu allen Jahrszeiten ein großer
Reichthum von Blüten und Wohlgeruch darin
herrscht. Auch das giebt dieser Anlage eine An-
nehmlichkeit mehr, daß gleich hinter dem Gebüsch ein lebhafter Feldweg vorbei geht, wodurch dieß heitere Plätzchen stets Leben und Abwechslung erhält.

Weiter hin breitet sich die Wiese; und der
obere Theil des Teiches, so wie die Wiese rechts,
sind mit einer gleichfalls heitern, durchsichtigen
Pflanzung von lombardischen Pappeln eingefaßt,
durch welche sich ein Zweig unsers Weges hinüber in den dunkeln Erlengang schlängelt, wo
sich dieser in eine Allee von alten ganz ungemein
hohen

hohen und starken lombardischen Pappeln ver
liert. Gegen das Ende der Wiese steht ganz
frei auf einer runden, schlanken Säule eine
ziemlich länglichte, bedeckte, einfachzierliche Ur:
ne von gleichem Durchmesser, und auf einem
Medaillon an der Säule, herüber nach dem
Wege zu, ließt man:

> Viro bono
> Patri optimo filius
> aemulus
> Hoffmannus. *)

Um die Urne herum rechts in das Pap
pelwäldchen! Links auf dem ersten Wege fort
zu einer viereckigen, schattichten Laube, un
mittelbar an der erwähnten Straße, und an ei
nem ganz kleinen wirklich nur lispelnden Bache.
Dieser entferntefte Punkt war ehemals seiner
Einsamkeit wegen ein Lieblingsplatz. Jetzt ist er
verfallen, wie vermuthlich manches andere auch.
Unglücklicher Ort, der vielleicht schon manche
Thräne

*) Dem braven Manne, dem besten Vater,
sein nacheifernder Sohn H.

Thräne eines unbefriedigten Herzens verbarg,
gönnte man dir etwa nicht mehr den Vorzug,
sie zu verbergen? Oder ist ihr Fluß durch Er-
bitterung verdämmt worden?

„Que fait le rang et la fortune!
Ah! l'on n'est rien, que par le coeur!" —

Ein dunkler, einsamer Erlenhain schließt
sich mit sanftem Uebergange an die neue,
heitere Anlage, und an einer Ecke davon, jenseits, neben den hohen Pappeln befindet sich eine
abgestumpfte Pyramide, auf einem hohen, vierseitigen Fußgestelle. Sie dient bloß zu einer
Ansicht.

Man trifft nun auf den langen, dunkeln
Kanal, den wir von der sinesischen Brücke aus
schon übersahen, und betritt das auch schon ge-
sehene Haus. Es ist über den Kanal gebaut,
denn es ist zu einem Bade bestimmt; und wird
das otaheitische Bad genennt; seine Bauart
aber ist ganz sinesisch, nur daß es an allen vier
Seiten mit Schilf bekleidet, und seine zwei

Dächer

Dächer auch damit gedeckt sind. Inwendig ist
es geräumig, aber nicht sonderlich bequem; es
wird aber wohl wenig, oder nie gebraucht.

Zwanzig Schritte weiter hin endigt die hal-
lische Straße auf dieser Seite den Garten.
Durch sie geht der Abzug aus dem Bruckdorfi-
schen großen Teiche, der gleich an die Straße
stößt. Dieser Abzug bildet einen kleinen, angenehm rauschenden Wasserfall, indem er den Kanal bewässert; und diesem Falle zu Liebe ist auf
einer Brücke neben dem Bade ihm gegenüber
eine Bank angebracht, der ich eben darum mehr
Bequemlichkeit wünschte, weil es sich wirklich
da sehr süß muß träumen und auch wohl
schlafen lassen. Jetzt sitzt man schlecht.

Zehn Schritte davon, an einem Wege, der
unmittelbar auf die Straße führt, steht ein kleiner, vierseitiger Altar mit der antiken, zum
Theil verletzten Inschrift:

C. AF.

TH. L.

et

T. AB.

welche

welche ich Ihnen selbst zu entziffern überlasse. Das innere des Altars ist ein kleiner Herd.

Nachdem wir im Anblicke des malerisch angelegten Wasserfalles ein Weilchen geruhet hatten, ohne zu sprechen, wandelten wir wieder zurück, erst den langen Erlengang herab, und dann auf dessen Hälfte über ein ebenes Brückchen links hinüber, wo ein schattiger Weg ohne weitere Merkwürdigkeiten zwischen zuviel Teichen und Graben in den Apollgang, und in die erste Abtheilung zurückführt. —

A — J.

III.

III.

Ueber die Anlagen

und

Umwandlung der Gärten zu englischen Parks,

vorzüglich

aber bürgerlicher Gärten.

Da die Liebhaberei, Gärten anzupflanzen, in unserm jetzigen Zeitalter immer größer zu werden scheint, und die Neigung, dergleichen Gärten im englischen Geschmack anzulegen, sich von oben herab bis zu den kleinsten Gutsbesitzern ausbreitet; nicht aber jede Sache ohne alle Rücksicht ganz nachzuahmen ist; so sei es mir erlaubt, hierüber meine ohnmaßgeblichen Gedanken zu eröffnen, und Vorschläge zu thun, wie der allgemeinen Sucht dazu Grenzen gesetzt werden

werden möchte, und wenn es ja englische Parks
seyn müssen, die man anlegt, wie das mit einiger Rücksicht geschehen und der Nutzen nicht
von dem Vergnügen ausgeschlossen bleiben
möchte.

Man hat bereits schon in der Baukunst dafür gesorgt, Baulustigen Risse zu mancherlei
Gebäuden, als fürstliche und adeliche Paläste,
bürgerliche, gemeine Garten- und andere Häuser in die Hände zu liefern, die sich auf einen
gegebenen und bestimmten Platz einschränken,
und dennoch für Geschmack, Bequemlichkeit und
Bedürfniß sorgen; warum sollte dieß nicht auch
für den Gartenliebhaber geschehen können?
Um diese Idee mehr zu erreichen und zur Aus-
führung zu bringen, werde ich am Schlusse dieses Aufsatzes einen Versuch liefern, wobei ich
wünsche, daß derselbe von denen, die die Sache
mehr verstehen, als ich, vollkommen ausgefüh-
ret werden möge.   Er gründet sich nicht blos
auf den Begriff von einem englischen Garten, auch nicht bloß auf den von einem
                                          Französi-

Französischen, noch auf den von einem Baum-
und Grasgarten, sondern auf einen weitläufti-
gern, der alle drei umfaßt, um Nutzen mit
Vergnügen bei seinen Gartenanlagen mit einander zu verbinden.

Dergleichen Vorschläge scheinen um so nö-
thiger zu seyn, weil das Publikum in der Lieb-
schaft zum Gartenwesen immer mehr und mehr
wächst, um ihm theils eine gewisse Anleitung
zu geben, wie es hierbei nach Beschaffenheit der
Umstände verfahren könne; theils aber auch zu
warnen; daß es, indem es für Vergnügen
sorgt, nicht auf Kosten ihrer und der Wohlfarth
des Staats geschehe. Es giebt Tausende, die
es wünschen, sich einen Garten anzulegen, wo-
in Vergnügen mit Nutzen verbunden werden
möchte; sie sind bereits auch in dem Besitz eines
Stück Landes oder eines alten Gartens, wissen
ihm aber keine Einrichtung zu geben, durch welche obige Zwecke erhalten werden; für diese also
mögen die Gedanken seyn, die ich hier hinstreue.
Was hilft ein Garten, der mir nach meiner in-
dividuel-

dividuellen Denkungsart tausend Vergnügen
gewährt, aber den größten Theil meiner Einkünfte verschlingt, und mir weiter nichts Reel-
les gewährt? Auch für den Staat kann, dieß
nicht gleichgültig bleiben. Doch fürs erste noch
etwas Allgemeines über die Anlagen der jetzt so
häufig vorkommenden englischen Gärten oder
Parks, um das gesagte zu bestätigen.

Man sieht jetzt schon, seitdem englische Gärten von den Großen der Erde eingeführt worden
sind, was die Nachahmungssucht nicht allein
für einen Wirrwarr in die kleinen Gärten; sondern auch ihren Besitzern für Nachtheil in ihrer
Einnahme gebracht hat. Alle die nach Gärten
verlangen, wollen jetzt englische Gärten besitzen;
die tragbarsten Gärten und Felder werden also
jetzt in sogenannte Parks umgeschaffen. Die besten Obst- und Gemüßegärten werden ausgerot-
tet und fremde und ausländische Gesträuche
werden mit vielen Kosten angeschafft und in einem großen Wirrwarr bunt durch einander
dafür hingesetzt, mit verschiedenen Gängen
durch-

durchschlungen und nun iſt der Park fertig; und was noch das lächerlichſte dabei iſt: oft iſt er nicht größer als eine gemeine Ruthe, 8 bis 10 mal übers Kreuz geſchlagen; übrigens kauft der Beſitzer ſeine Peterſilie und ſeinen Blaukohl auf dem Markte. Heißt dieß nicht übertrieben? —

Ich kenne Gärten, die ehemals ihren Beſitzern, wenn ſie ſolche an gemeine Gärtner verpachteten, 100 bis 120 Thaler einbrachten; ſie übernahmen ſie, wie die Parks-Mode wurden, ſelbſt, verwandelten ſie mit großen Koſten in engliſche Gärten, halten eine Art Gärtner, der das Nöthige darin beſorgen muß, und auf 60 bis 70 Thaler kommt; und haben bei dieſem Aufwand und jenem Verluſt des Pachtgeldes, weiter kein Vergnügen, als daß ſie jetzt einen einzigen Buſch vor ihrem Hauſe ſehen, einige fremde Geſträuche und Hölzer haben kennen lernen, und etwa täglich ein Mal einen Gang in denſelben thun können. Wie bedaure ich den elenden Geſchmack, den großen Geldverluſt und

das elende Vergnügen, in einigen krummen
Gängen umher zu laufen. Wem fällt nicht bei
den großen und kleinen englischen Gärten, die
man so in Menge, und erstere von so gro-
ßem Umfange anlegt, Horazens 15te Ode im
2ten Buch ein: Iam pauca aratro iugera re-
giae moles relinquent etc.

Wenn Hirschfeld in seiner Theorie der Gartenkunst *) das Vergnügen zum Hauptzweck der
Gärten macht, so redet er nur von den Gärten
der Großen, denen es so wenig auf Nutzen derselben

*) Dieß Buch, das so vortreflich in seiner Art
ist, scheint von den Gartenkünstlern und
Gartenfreunden noch wenig gelesen und be-
nützt worden zu seyn, welches sehr zu be-
dauern ist. Denn bis jetzt ist man noch
nicht viel weiter gekommen. Man rottet
zwar den steifen französischen Gartenge-
schmack aus, und führt den englischen ganz
freien ein. Sollte nicht von einem deutschen
Genie die Mittelstraße gefunden, und aus
beiden ein deutscher Garten erfunden werden können?

selben ankömmt; ich halte aber dafür, daß bei
bürgerlichen Gärten der Nutzen mit dem Vergnügen verbunden werden müsse. Ich schränke
mich daher in diesem Aufsatze nur auf bürgerliche Gärten ein, deren Besitzer sich doch auch die
angenehme Gartenlust zu verschaffen im Stande
sind, und diesem Vergnügen einen nicht zu hohen Verlust ihrer Einkünfte aufopfern mögen.

Nichts ist bei einem Garten erforderlicher,
als daß er den freien Genuß der Luft und der
Sonne hat; denn Boden und andere Dinge
lassen sich verbessern, jene aber kann man ihm
nicht geben, wenn seine Lage ihn nicht schon
hat. — Ich halte diese Dinge für die nöthigsten Erfordernisse, wenn man den Hauptzweck
eines Gartens erreichen will. Ohne ein stetes
Hinzuströmen von frischer Luft und der Einwirkung des Sonnenlichts wird nichts wachsen,
oder wenn fetter Boden vorhanden ist, so wird
alles geil in die Höhe schießen, und beides noch
mehr verhindern und noch mehr Schaden als
Nutzen bringen. Wie nothwendig ist nicht bei
seinen

seinen Gängen in dem Garten das Einathmen einer frischen, freien Luft zur Erheiterung des Geistes, wenn man Geschäfte wegen so lange auf seiner Stube gefesselt worden ist.

Ist dieses Erforderniß vorhanden, so stehet ihm zunächst an der Seite: daß der Boden von derjenigen Beschaffenheit sei, daß Gewächse in ihm fortkommen können, und wenn er auch nicht ganz der beste wäre, dafern er sich nur ohne große Kosten verbessern läßt. Auf Sumpf läßt sich kein Garten anlegen, und wenn man auch, durch Anlegung verschiedener Canäle, den größten Theil überflüssiger Feuchtigkeiten ableiten könnte; er wird immer etwas dumpfig und also der Gesundheit nicht zuträglich seyn; auch kömmt schwerlich ein Fruchtbaum in dergleichen Boden fort. Ein Boden von bloßer blauer Lette taugt auch nichts zum Garten, wenn nicht unter ihr ein anderer fetter Boden ist, wie sich oft zuträgt, den man stürzen und durcheinanderwenden und verbessern kann. Aber außer diesem kommt selten ein Gewächs fort und

G   ein

ein dürres buhgriges Gras macht auch dem
Garten einen Brandfleck. Stellenweise läßt sich
zwar dergleichen Boden verbessern, wer wollte
dieses aber mit einem ganzen und vielleicht großen Garten vornehmen. Aber schon im mittel-
mäßigen guten Boden läßt sich viel ausrichten,
wenn man die gehörige Aufmerksamkeit darauf
richtet. Die sogenannte Garten- oder Damm-
erde ist freilich die beste.

Hauptsächlich kömmt es auf die Absicht an,
die man bei Anlegung eines Garten hat, und
ob man sein darin steckendes Capital ganz, mehr
oder nur zur Hälfte nutzen will; ob man seinen
Vortheil mehr oder weniger dem Vergnügen,
oder das Vergnügen mehr oder weniger seinem
Vortheil aufopfern will; nur dürfen sie in bürgerlichen Gärten nach meinen obigen Außerun-
gen nicht getrennt seyn.

Wenn ich einen Garten anzulegen hätte,
so würde ich zuerst auf seine Fläche sehen, und
welche Gestalt und welche Ausdehnung sie hätte.

Die

Die regulaire Gestalt würde ich der irregulairen und das Oblongum dem Quadrat vorziehen, und sollten sich auch bei diesem Winkelabschnitte oder Bogenabschnitte ergeben, so würde ich sie verbergen und mit etwas anderm benutzen. Dieses wissen auch schon die gewöhnlichen Gärtner einzurichten und dergleichen Abschnitte zu allerlei wirthschaftlichen Dingen zu benutzen. Die, welche mehr Liebhaber von auswärtigen Gesträuchen sind, können auch Pflanzschulen zu dergleichen Gewächsen daselbst anlegen. Das Ganze aber müßte immer in eine regulaire Figur gebracht worden seyn.

Es dürfte aber hierbei noch in Erwägung gezogen werden müssen: von welcher Seite der Eintritt in den Garten genommen werden könnte, ob vom Morgen, Mittag, Abend, oder Mitternacht; ob er eine liegende Fläche oder einen Abhang ausmacht, oder hüglicht ist. Nachdem sich alle diese Umstände abändern, nachdem muß auch die Einrichtung eines solchen Gartens getroffen und so angelegt werden, daß die darein

zu pflanzenden Gewächse alle ihren Antheil an
Luft und Sonne nehmen, und zum Theil auch
wieder gegen die ihnen ungünstige Witterung
beschützet werden.

Aus diesem Wenigen sehen wir, daß sich kein
allgemeiner Entwurf zu Gärten für alle Lagen
machen läßt, sondern nur gewisse allgemeine Lagen angenommen werden können, wo dann doch
noch gewisse Umstände vorkommen möchten, welche eine Abänderung nötbig haben. In diesem
Falle denke ich mir zu einem Garten, den ich
anzulegen hätte, eine in ein Oblongum gezo-
gene Fläche, die sich von Norden gegen Süden
erstreckt, wie groß, läßt sich auch nicht im Allgemeinen bestimmen, und wozu der Eintritt
von der Nordseite angelegt werden muß.

Um Nutzen mit Vergnügen zu paaren;
das regelmäßige der französischen Gärten, der
nachgeahmten, wilden Natur der englischen Gärten, nicht ganz aufzuopfern, und also die Sitte der gegenwärtigen Zeit, Gärten im englischen
Geschmack

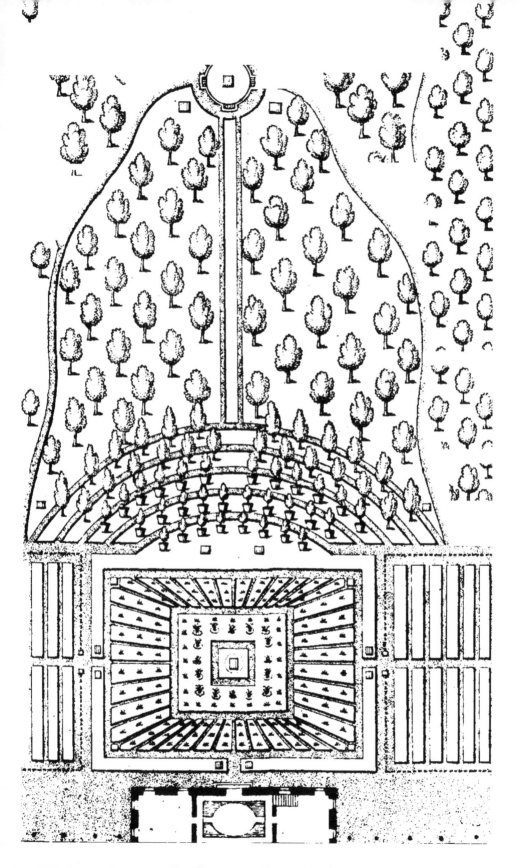

Geſchmack anzulegen, nicht ganz zu vernach-
läſſigen, und aus beiden einen Garten zu bil-
ben, den ich zur Ehre unſrer Nation einen
deutſchen Garten nennen möchte, würde ich mein
Oblongum ſo viel wie möglich in drei Abtheilungen bringen und dieſelben folgender Geſtalt
einrichten. *)

Die ganze Länge theile ich in drei Theile.
Der erſte Theil, in welchem ſich an der nördlichen Wand oder Mauer das Gartenhaus befindet, iſt ein aus geraden Linien und rechten Win-
keln beſtehender Platz, der wieder drei beſondere
Abtheilungen hat. Die mittlere Abtheilung iſt
zum Theil eine grüne, viereckichte liegende Fläche, rund herum mit Blumenbeeten umgeben.
In der Mitte der grünen Fläche befindet ſich
ein Poſtament. Auf jene Beete würde ich
die mannichfaltigen Blumen, wie ſie nach Jahreszeit

*) Hier bitte ich die beiliegende Zeichnung
   nachzuſehen, welche die hier hingeſtreute
   Idee vom Garten etwas verſinnlichen ſoll.

reszeit und Monat abwechseln, setzen laffen, um
stets für das Auge etwas Angenehmes zu finden; selbst das Grüne würde ich mit einigen gemeinen Blumen hie und da besetzen und schattiren
laffen. Das Postament würde ich mit einem Gegenstand zieren, der tiefen Eindruck auf Herz und
Sinn zugleich machte. Die Stücke zu beiden Seiten dieses Platzes würde ich den einen zu Gemüße
und Bedürfniffen der Küche, und den andern zu
einer Baumschule gebrauchen und in Beete
durch gerade Gänge und rechte Winkel ab-
theilen.

Die zweite oder mittlere Abtheilung der
Länge dieses Gartens ist den Baumfrüchten ge-
widmet, und da die immer geraden Linien der
ersten Abtheilung durch ihre Einförmigkeit das
Auge ermüden würden, so fangen sich nach und
nach die krummen Linien an, und zwar zuerst
einige regulaire krumme Linien unmittalbar
über dem mittelsten Stück der ersten Abtheilung,
und dann auf beiden Seiten einige irregulaire
krumme Linien zu Gängen unter den Obstbäumen,

men, wobei jedoch die regulairen Linien nicht ganz
vernachläſſiget worden ſind, denn die Pflanzung
der Bäume iſt nach geraden Linien und zwar
nach dem Quincunx geſchehen.

Die regulairen krummen Linien, die ſich in
der Mitte dieſer Abtheilung anheben, werden
auf den angegebenen Punkten mit niedern
fruchtbaren Geſträuchen beſetzt, als — Johan-
nis- und Stachelbeerbäumchen ꝛc. die ſich immer mehr und mehr erheben. Die letztern mit
Obſtorangeriebäumchen in Töpfen oder Kübeln
hinter derſelben mit niedern Obſtbäumen, als
Jacobsäpfeln, Borsdorfer- Holländiſche- Zu-
ckerbirnen ꝛc. und ſo kann man von allen Obſt-
ſorten diejenigen ausſuchen, deren Kronen ſich
immer mehr und mehr über die vor ihnen ſtehenden erheben. Auf beiden Seiten dieſer zweiten Abtheilung würde ich nun mein Steinobſt
in Hochſtämmen bringen, und auf eben dieſe
Weiſe von den Bäumen, die ſich am niedrigſten
hielten, bis zu denen, die am höchſten hinauf-
ſteigen, und wo möglich in Gleichförmigkeit mit
dem

dem mittelsten Stück abwechseln. So würde ich
zum Beispiel bei den Kirschen auf der Morgen-
seite mit der Ostheimer Kirsche anfangen, mit
Amarellen, deutscher Pelzweichsel abwechseln,
und zuletzt mit dem großen, schwarzen Herz-

wie ich auf der Abendseite mit Zwergpflaumen,
Schleen, Mirabellen, Zwetschen und großen
Damascenerpflaumenbäumen die Ordnung des
Aufsteigens auf eben diese Weise beobachten
würde.   Unter allen diesen Bäumen müßte ein
grünes Gras den Boden schmücken, damit das
reife und herabfallende Obst durch keinen Schmuz
besudelt würde.

Die dritte Abtheilung der Länge dieses
Gartens würde mehr die Form englischer Gärten annehmen, doch so, daß nicht bloß wilde
und unfruchtbare Gesträuche, sondern auch gewisse fruchtbare Gesträuche und Bäume sich
darunter befänden und mit andern abwechseln
müßten. Außer den fremden und ausländischen
Gesträuchen, die ich etwa pflanzen wollte, würde

de ich hie und da Quitten, Mispeln, Azerolen, verschiedene Sorten Hasel- Lambrechts und Zellernüsse hinpflanzen, sogar auch Pfirschen, Aprikosen und Mandeln, als Busch und nicht zum Tragen, sondern wegen ihrer schönen Blüten im Frühjahr, in die Höhe gehen lassen, damit sie dem Orte bald einiges Leben und Ansehen verschaffen möchten. Im Hintergrunde stünden nun einzelne Kastanien- Zwiffelkirschen- und Welschenußbäume; und italienische und andere Pappeln machten den Beschluß.

Nun wären noch die Mauern des Gartens gegen Abend, Morgen und Mittag mit Spallerbäumen zu besetzen; denn die, welche ihre Fläche dem Norden bloß stellt, würde von zu hohen Bäumen beschattet, als daß sie auf diese Weise benutzt werden könnte. Die, welche ihre Fläche der Morgensonne bloß stellt, würde ich mehr mit Wein, die gegen Abend mit Pflaumen und Aprikosen und die gegen Mittag mit Pfirschen besetzen, so viel sich noch Raum für sie daselbst fände.

Da einem Garten, der nicht an der beständigen

bigen Wohnung selbst ist, ein Haus nöthig ist, in
welchen nicht nur ein Gärtner oder die Person, welche zur Verrichtung der Gartengeschäfte gebraucht
wird, einen Aufenthalt haben muß, sondern der
Besitzer selbst, wenn er sich im Garten befindet,
Bequemlichkeit, so ist diesem Hause seine Stelle
billig beim Eingange anzuweisen. Die unterste
Etage sei dem Gärtner bestimmt. Zur Rechten
des Eintritts vom Garten herein sei seine Wohnung, links eine Abtheilung zu allerhand Gar-
tengeräthen, und in der Mitte eine breite
Hausfluhr, weil manches in unangenehmem
Wetter, wenn man nicht noch ein Nebengebäu-
de dazu widmen will, darin verrichtet werden
muß. Die zweite Etage kann ganz zum bequemen Aufenthalt des Besitzers eingerichtet
werden. Die Ecken an beiden Seiten des Hauses sind bequeme Plätze zu einigen Mistbeeten
oder kleinen Gewächshäusern. Von der Mitte
des Hauses läuft eine gerade Linie durch die
Länge des Gartens, nicht eben als Weg, sondern als Abtheilung der fernern Bäume, welche dem Auge, besonders vom obern Theile des
Hauses,

Haufes, eine freie Aussicht nach Süden verstattet, die auch dazu dienen könnte, den Einzug der Luft auch auf dieser Seite zu befördern.

Da es auch zum Schmuck der Gärten gehört, Statuen in denselben zu finden, so trifft man auch verschiedene Gelegenheiten dazu in diesem an. Ich habe einige Plätze in den Ecken und an den Wegen bemerkt, welche wegen der Gleichförmigkeit nicht füglich mit Bäumen besetzt werden konnten, wo sie aufgestellt werden können. Aber: was sollen diese vorstellen? — Alte Götter der Heiden? die zum Theil abgeschmackt und unzüchtig, vormals in den Gärten der Großen und zum Theil auch wohl jetzt noch aufgestellt wurden? — Ich würde diese nie wählen; theils, weil sie mit unsern Begriffen von Gott und der Tugend gar nicht übereinstimmen, ja sogar auf Abwege und schmutzige Gedanken leiten können; theils, weil der große Haufen und besonders der gemeine Mann, der in solche Gärten kömmt und darin arbeitet, gar keine Vorstellung dabei hat. Wer Mythologie lernen

lernen will, lerne sie aus Büchern, um alte
Schriftsteller zu verstehen; für den größen Men-
schenhaufen haben dergleichen Vorstellungen in
öffentlichen und großen Gärten gar keinen Nu-
ßen und auch wenig Vergnügen. Was für
sonderbare Ideen dergleichen Dinge erwecken
können, beweiset folgende kurze Anekdote. Zwei
nicht ganz ungebildete Jünglinge, die aber noch
nie in einen fürstlichen Garten gekommen waren, und die heidnischen Götter Saturn, Jupi-
ter, Venus bis zum Priap herab mit allen ihren geoffenbarten Heimlichkeiten vorgestellt fanden, zerbrachen sich lange die Köpfe, besonders
der jüngste, wer diese hier abgebildete Menschen
seyn möchten, dem endlich der Aeltere, der klü-
ger seyn wollte, und es sich ausgedacht zu haben
glaubte, die Antwort gab: Siehst Du, das
sind unsers Fürsten seine Vorfahren. Wie lä-
chelte nicht mein Freund, der diese Erklärung
hinter einer Hecke mit anhörte, hervortrat, und
ihnen das Verständniß öffnete.

Wir Deutschen sind gewiß nicht so arm an
großen

großen Menschen, die auf die Achtung sowohl
ihrer Zeitgenossen, als auch der Nachkommen=
schaft Anspruch machen können, als jene gewe=
sen sind, welche die Alten vergöttert haben. Es
ist billig, daß wir uns ihre Thaten durch Dar=
stellung ihrer Abbildung erinnerlich machen,
und dadurch so wohl einen Theil der Dankbarkeit
gegen sie an den Tag legen, als auch uns und
unsere Nachkommen dadurch zu ähnlichen Tha=
ten ermuntern. Wenn kann dieß aber am be=
sten geschehen, als wenn wir froh und heiter in
unsern Gärten lustwandeln, und ohne tiefsinni=
ge Speculation einigen Stoff zu Betrachtungen
haben wollen. Hier dürfte es nur auf die Wahl
ankommen, welchen von jenen großen Menschen
man sich aufstellte. Es mangelt uns ja aber
nicht an guten Fürsten, Staatsmännern, Ge=
lehrten, Helden, Vätern und Müttern, deren
Bildnisse aufgestellt zu werden verdienen, um
ihr Andenken zu erhalten, und uns zu ähnli=
cher Thätigkeit zu erwecken. Gewiß, wir bedür=
fen es nicht, daß wir diese Art der Ermunterung
aus der heldnischen Welt der Vorzeit holen.

Hierbei

Hierbei wünschte ich aber, daß ein jeder nach
seinem Geschmack und nach seiner Ueberzeugung
sich seine Helden hierzu wählte. Dieses würde
mehrere Mannichfaltigkeit in die Gärten überhaupt bringen, und man würde nicht immer
auf den einzigen Fürsten, auf den einzigen
Staatsmann, Helden, Philosophen ꝛc. stoßen.

Aber nun, wie wären diese in so verschiedener Rücksicht großen Menschen in meinem Garten zu ordnen? In diesem meinen Gartenent-
wurf würde ich auf den in der ersten Abtheilung bemerkten und mit grünen Rasen umgebenen Postament, ein Symbol der Gottheit
setzen, also des Urhebers alles Schönen und Guten, welches ich überhaupt und in diesem Garten insbesondere genösse. Gute Väter und
Mütter würden sie in dieser Abtheilung umgeben, um an die Wartung und Pflege zu erinnern, die junge Pflanzen nöthig haben, und die
sie ihren Kindern so gern und so emsig ertheilen.
In die zweite Abtheilung würde ich die Bildnisse dererjenigen nützlichen Menschen setzen, die,

vom Fürſten bis zum Handwerker herab, dem
Staate nützten und ihm ſo viele Früchte brachten. Die nachdenkenden Gelehrten, Philoſo-
phen, Künſtler, die im Stillen wirkten und das
Gute ausdachten, das nach ſeiner Bekannt-
machung ſo viel Segen über ihre Mitbürger
brachte, würde ich in die dritte Abtheilung als
ein Bild der Stille, der Ruhe und des Nach-
denkens bringen. Den Abbildungen der Helden und Vertheidiger des Staats würde ich hie
und da auf den Mauern ihre Stelle anweiſen,
um den Gedanken zu erwecken und zu unterhalten, daß ſie Vertheidiger des Vaterlandes
waren, und daſſelbe mit ihrer Perſon gegen
feindliche Einfälle und Verheerungen ſchützten,
wie dieſe Mauern die zarten Pflanzen und nützlichen Bäume gegen die Verheerungen des
Sturmwindes.

Welch eine Wonne, einen ſolchen Garten
zu beſitzen, wo bei einem ruhigen und guten
Gewiſſen und bei einem zarten Gefühl der Seele, die ſanfte Natur ihre Einwirkung auf Sin-

ne und Herz gewiß nicht verfehlen, und das Vergnügen erhöhen wird, welches die Gärten jedem
Liebhaber, der sie im reinen Geschmack cultiviret
und Vergnügen mit Nutzen verbindet, gewähren.

Mein Garten wäre also fertig. Jetzt trete
ich aus demselben heraus, wo meine Vorstellung noch an das symmetrische und an gerade und
rechte Winkel gefesselt war; die Scene wird
nicht plötzlich verändert. Ich sehe noch etwas
davon in der ersten Abtheilung, aber grünes
Gras und frische Blumen in mannichfaltiger
Abwechselung, und rechts und links ziehen
Pflanzen und kleine Bäumchen meine Aufmerksamkeit auf sich und zerstreuen mich etwas.
Wenn eins oder das andere unabsehlig dauerte,
so würde der Anblick bald ermüden, daher verändert sich diese Scene in der zweiten Abtheilung etwas. Man wird über der ersten regulairen krumme Linien gewahr, welche mit geraden abwechseln; dabei erhebet sich das Grüne der kleinern Gesträuche und Bäumchen bis
zu den größten Frucht- und andern Bäumen,
welches

welches alles, wenn es in der Anlage und beim
Setzen gehörig geordnet worden ist, wie ein grüner Berg in die Höhe wallet.   Der in der Ferne stehende sieht mich in diese Abtheilung kommen und wird glauben, ich gehe an einem Berge
oder unter einem Berge weg, und mein Garten
scheint sich in der Luft zu verlieren; und wie
mancherlei wird mir diese Abtheilung, besonders
wenn ich auf den Monatswechsel der Früchte
Bedacht genommen habe, zum Genuß anbieten!
Kirschen, Pflaumen, Aepfel, Birnen ꝛc.   Die
dritte Abtheilung entzieht mich durch seine krummen Gänge nun dem Auge des Forschers und
bringt Stille und Ruhe in meine Seele; und
doch sehe ich in dieser erkünstelten Wildniß noch
manches Nützliche und dem Genuß sich anbieten-
des Naschwerk in Nüssen, Mispeln und dergleichen. Die Entfernung sowohl als auch verschiedene Beere und Nüsse unter dem Gesträuche würden
auch manche Vögel dahin locken und dieser Theil
würde nicht ohne Zwitschern und Gesang der Vögel, und also auch von dieser Seite nicht ohne
Anmuth seyn.

H   Etwas

Etwas scheint in diesem Garten vergessen
zu seyn, welches doch eins der nöthigsten Stücke
ist, das ein Garten fordert, und das ist das
Wasser, welches ich aber mit Fleiß bis hieher
verspart habe. Oft hat er schon einen Bach
oder er ist ihm doch in der Nähe, und dann läßt
sich leicht ein kleines Bächlein ableiten, wobei
es auf die eigene Einsicht dessen ankömmt, der
die Anlage dazu anordnet. Gern hat man es
dem Hause, Küchen- und Blumengarten nahe.
Sollten aber Hindernisse vorhanden seyn, die
diesem allen sich entgegen setzten, so findet man
ja in den meisten Orten Wasser in der Erde,
wenn man tief gräbt. Man legt also einen
Brunnen mit einem Saugwerke, oder wenn er
tief seyn sollte, mit einem Druckwerke an.
Oft läßt sich dieses mit wenigen Kosten, besonders nach einer in hiesigen Gegenden Mode ge-
wordenen Art, im ersten Fall, ausrichten. Müßte dieses durch Röhrengänge hergeleitet werden,
so wäre dieses sehr kostspielig. Ich habe in der
dritten Abtheilung eine Stelle in der Mitte bemerkt, die entweder zu einem runden Moos-
häuschen

häuschen mit Baumrinde bedeckt, benutzt wer=
den kann, oder wenn kein Wasser vorhanden,
so könnte auf dieser Stelle oder neben einem
solchen Häuschen ein Brunnen gegraben werden,
dessen Wasser durch Pumpen in die Höhe ge=
bracht und in den Garten hie und da vertheilt
werden kann. Um dieses Wasser sicher zu lei=
ten, könnte man ohne große Kosten Wasserröh=
ren, der Erde gleich an einander gestoßen, nach
den Gegenden hinlegen, wohin man das Wasser
haben wollte. Denn ein Wasser, das nicht im=
mer läuft, würde sich erst zu viel in die Erde
ziehen, ehe es an Ort und Stelle käme.

Ich habe bei diesem Gartenplan keinen
Maaßstab genommen, weil er ein Bild im All=
gemeinen seyn soll, das sich nach der besondern
Anwendung in dieser Richtung und Lage und
der gegebenen Größe abändern muß; wie ich
denn überhaupt hinzufüge: daß dieses keine
Vorschrift, sondern nur ein Vorschlag seyn soll,
wodurch ich an das, was bei einem bürgerlichen
Garten, welcher Vergnügen mit Nutzen verbin=

ten

den und den Geschmack nicht beleidigen soll, im
Allgemeinen nöthig seyn möchte, habe erinnern
wollen.

Wenn es jenem Mathematiker S t u r m er=
laubt war, aus den vorhandenen Schulenord=
nungen eine neue zusammen zu setzen und sie
die deutsche zu nennen, so hoffe ich Verzeihung
zu verdienen, wenn ich diesen aus den Französi=
schen und Englischen zum Theil zusammen ge=
setzten Garten einen d e u t s c h e n nenne, weil
es mir scheint, daß sein Bild, welches von der
bloß ins Auge gemachten Blendung der fran=
zösischen Gärten und von dem englischen Luxus,
der nur Geld ohne Rücksicht und Nutzen erfor=
dert, abweicht, sich mit der deutschen Thätig=
keit und Solidität am besten verträgt.

Sickler.

IV.

IV.

Ueber einige
Gegenstände der Gartenkunst.

An

Herrn Buchhalter Meyer.

Noch immer, mein Lieber, kann man auf unsere schöne Gartenkunst anwenden, was Horaz einem Sklaven von der Liebe sagen läßt:

— — — — — O here, quae res
Nec modum habet neque consilium, ratio-
ne modoque
Tractari non vult — — — —
— — Haec si quis tempestatis prope ritu
Mobilia, et caeca fluitantia forte laboret
Reddere

Reddere certa sibi, nihilo plus explicet,

ac si

Insanire paret certa ratione modoque. *)

Denn so lange man glaubt, daß der gute Geschmack — wie selbst Künstler oft behaupten —
sich nicht auf allgemeingültige Regeln zurück
führen lasse, ist dieß auch von ihr wahr, und
wird, wenn nicht — wie ich doch hoffe — ein
Heydenreich, **) in Ansehung ihrer, uns
vom Gegentheil überzeugt: auch noch lange von
ihr wahr bleiben.

Der große Haufe unserer Gartenanleger
glaubt jetzt freilich, ein Meisterwerk hervorgebracht

*) O lieber Herr! Ein widersinnig Ding läßt
sich nicht vernünftig behandeln. Etwas so
Unstetem und Wetterwendischem Stetigkeit
geben zu wollen, würde eben so viel seyn,
als verlangen, daß ein Wahnsinniger nach
Regeln rase.

**) Durch dessen Theorie der schönen Garten-
kunst.

bracht zu haben, wenn er, ohne Rückſicht auf
die Lage und Beſchaffenheit ſeines Gartenplatzes,
dem Engländer ſeinen Plan abgeborgt; wenn
er Gebäude, im Geſchmack aller Nationen, und
Anlagen und Kunſtwerke, in der größten Bunt-
ſcheckigkeit neben einander hingedrängt hat, ohne überdacht zu haben, welche Gebäude für
ſeinen Rang und die Verhältniſſe ſeines Gartens ſchicklich ſind, welche Anlagen und Kunſtwerke das Oertliche deſſelben neben einander
dulden kann oder nicht. Der Natur nachzu-
ſpühren, das mag man nicht lernen.

Dieß, Freund, rügt auch Ihre Geißel mit
dem größten Rechte. Aber da Sie mir erlau-
ben, Ihnen meine Gedanken über Ihre Aeußerungen mitzutheilen, ſo werde ich dieſe doch hin
und wieder einzuſchränken gedrungen ſeyn,
wenn wir für die Beförderung eines beſſern
Geſchmacks etwas thun wollen.

Sollten deutſche Naturgärten je
alle verkünſtelte Luſtanlagen nach ausländiſchem
Ge-

schmack aus unserm Vaterlande verdrängen:
so würden sie doch darum, daß sie Nationalgär-
ten würden, nicht jedes Werk griechischer
Kunst von sich ausschließen dürfen.

Freilich bedürfen sie dessen nicht.
Aber da bei einer Nation, die auf Bildung Anspruch macht, die Künste Hand in Hand gehen
müssen, und ihr, zur Unterstützung der einen
oder der andern, am wenigsten die Muster
der bildenden Künste gleichgültig seyn
dürfen: so, denke ich, dürfen solche auch wohl
in unsern Naturgärten ihren mit Verstand aus-
gewählten Platz finden, wenn ein vermögenderer
Gartenbesitzer seine Anlagen damit zieren kann.

Ihr Ausdruck: Griechische Bildnerei, bedarf inzwischen auch wohl noch einer
kleinen Zergliederung, um richtigen Grundsätzen auch im vorliegenden Falle auf die Spur
zu kommen.

Griechische Bildnerei wären wohl,
einer-

einerseits, jene Meisterwerke griechischer
Künstler, die der wohlthätige Genius der Kunst
uns zur Bewunderung und zum Muster seit
Jahrtausenden, wenn auch leider! öfters nur
höchst verstümmelt, erhalten hat.

Da wir aber nicht fürchten dürfen, daß die=
se sich so leicht in unsere Naturgärten verirren
möchten: so scheint es, daß Sie, anderer=
seits, durch jenen Ausdruck Alles umfassen,
was der Meißel bei dieser oder jener Nation, in
Beziehung auf Mythologie und Geschichte, nach
dem Muster der Griechen, hervorgebracht hat,
oder noch hervorbringt.

Aber Sie, der Sie selbst geschmackvoller
Künstler *) sind, wollen doch wohl gewiß, daß
unsere nordischen Heroen, die Sie zur
Aufstellung in unsere Naturgärten empfehlen,
im besten, das heißt, griechischen Styl
gearbeitet seien. Und so hätten wir denn an
diesem

*) Landschaftsmaler.

diesem doch auch wieder griechische Bildnerei. Nicht wahr? —

Doch, Sie wollen nur alles das aus unsern
Naturgärten verbannt wissen, was uns die Greuel
des Aberglaubens und der Unterdrückung der
Vernunft ins Gedächtniß ruft. Wohl! würden aber die Gebilde unserer Heroen dieß
weniger thun, als die, welche Sie Ihren Bann-
strahl treffen lassen, da die von Ihnen genannten gerade diejenigen mit sind, welche jene Ungeheuer am kräftigsten bekämpft haben?

Und so, dächte ich, wären wir denn auch
hier duldsam, nicht nachahmend den zeloti-
schen Inquisitionen, die je waren und noch seyn
werden, und ohne beim Anblick eines Sie
ärgernden Kunstwerks jener Art in unsern Lust-
gefilden, den Bäumen derselben ein zu zeloti-
sches: Verdorret! zu gebieten, stellten wir
immer würdige, sich dahin schickende Gebilde,
sie mögen uns Erinnerungen zurückrufen, welche sie wollen, neben ihnen hin, und ließen
ihre

ihre grünende Schatten sie uns im reizendern Lichte darstellen.

Allein in unsern Naturgärten ist Ihnen auch noch das Nackende in der Bildnerei ein Anstoß.

Seltsam genug, daß ich Greis, gegen Sie, Jüngling, die Vertheidigung der Darstellung desselben hier übernehmen, und Sie dabei in dem Lichte eines keuschen Josephs, und mich, ich weiß nicht, welches alten Wollüstlings, erscheinen lassen muß. Doch zur Sache!

Daß hier von keinen das feinere sittliche Gefühl beleidigende Nackheiten die Rede seyn kann, versteht sich; und lächerlich würde es seyn, Ihnen das hier wiederholen zu wollen, was die Lehrer der Kunst zu Gunsten der Darstellung des Nackenden beibringen. Sie wissen dieß so gut, als ich; und daß das Nackende der höchste Gegenstand und der Probierstein des Bildners ist.

Ich

Ich werde Sie also nur an jenen alten
Ausspruch erinnern: den Reinen ist alles
rein.

Wem auch der Anblick des anständigen
Nackenden in den Werken der Kunst gefährlich
werden kann, an dessen Moralität dürfte wohl
nicht viel zu verderben seyn; und eine bis an
den Hals in ihren langen Rock versteckte Be-
wohnerin der innern Alpen, wird ihm immer
noch gefährlicher seyn, als eine aus dem Bade
steigende Venus in Marmor.

Und wollten Sie wirklich einem edlen Gebilde dieser Art in einem Naturgärten, an dem
Ufer eines schönen Wasserstücks den Platz wohl
versagen?

Nur ist es in solchem Falle ein eigenes Ding
mit den Postamenten. Soll ich mir denken, daß
eine Nymphe, indem sie das Bad verläßt, ein
Fußgestell, auf dem sie lebend sich kaum erhalten
könnte, erklettert, um sich da zur Schau zu
stellen:

stellen: so gestehe ich, daß auch mir dieß höchst
unerträglich ist.

Und so — dieß sei hier gelegentlich gesagt! —
ist es auch mit den Postamenten so mancher andern Gebilde.

Ihrem Geschmack kann ich nun freilich nicht
zutrauen, daß Sie mir je in meinem Naturgarten meinen Lieblingsheros, Friedrich, in seinem abgetragenen Ueberrock, seinen schlaffen
Stiefeln, mit seinem Federhuth und Krücken-
stab, sei er auch von einem neuern Praxiteles
gebildet, stellen werden. Aber könnten Sie dieß:
so gestehe ich Ihnen, daß ich sein Gebilde viel
lieber gänzlich entbehren, und mir die Idee,
wie ich ihn auf die Höhen vor unserm Hallischen
Thore, als Genius seiner Völker, hinzaubern
möchte, genügen lassen will. Auch würde ich
Ihnen dann, zur Dankbarkeit, alle ihre Nym-
phen in Ihren Geßnerischen Idyllen*) in

Schnür-

*) Herr Meyer hat mit Beifall einige dersel-
ben gemalt.

Schnürbrüſte zwängen, und ihnen den Kopf
mit einem Zigeunertuch, nach itzigem Geſchmack,
beſtecken.

Doch hier auch noch dieß! Wenn Gebilde
in einem Garten nicht von Marmor oder Erz
ſeyn können: ſo möchte ich dort faſt immer lieber gar keine. Hieraus ergiebt ſich alſo auch
von ſelbſt, wie wenige ich deren nur dulden
würde. Welche übrigens hierher gehören, kann
nur ein gebildeter Geſchmack uns lehren.

Auch ich tadle mit Ihnen die Einförmigkeit,
die in den neuern Gärten herrſchend wird. Man
weiß ſie nach gerade auswendig, wie man ehedem die franzöſiſchen auswendig wußte. Ein
griechiſcher Tempel, ein gothiſches, ein chineſi-
ſches Gebäude, eine Einſtedelei und hohe chine-
ſiſche Brücken in der Ebene, prunken in allem,
und nichts ſieht man ſeltner, als etwas Selbſt-
gedachtes; oder findet man ja deß Etwas: ſo iſt
es gewöhnlich eine Abgeſchmacktheit.

Dennoch

Dennoch möchte ich nicht mit Ihnen auch
alle jene Verzierungen gänzlich aus unsern Naturgärten verwiesen sehn, außer das chinesische Gebäude, das mir bloß dahin zu gehören scheint, wo irgend die Natur eine, einer
chinesischen ähnliche Gegend gebildet, und wo
eine ansehnliche Parthie einer Lustanlage, oder
auch ein ganzer Garten im Geschmack der Chi-
nesen anzulegen ist.

Was Gebäude betrifft: so können wir doch
nie etwas Edlers, als im griechischen Styl
entwerfen; und da unsere Naturgärten vernünftig und edel verziert seyn müssen: so werden Gebäude jener Art, wenn der Besitzer eines
Gartens sie zu erbauen vermag, auch vorzüglich
dahin gehören.

Ein gothisches Gebäude sollte in Naturgärten nur immer das Ansehen eines Ueberbleibsels
aus vorigen Zeiten haben, wäre es auch nur in
seinem Aeußern. Außer in dem Falle, da das
Wohnhaus des Gartenherrn gothisch ist. Alsdann

dann könnten wohl sehr schicklich alle Gebäude,
Gartensitze, Brückengeländer und andere Verzierungen in diesem Style seyn. Aber alle Ein-
mischung von einem andern Style müßte dann,
wie vorhin auch bei den chinesischen Anlagen,
gänzlich wegfallen.

Sie mißbilligen Einsiedeleien in unsern
Gärten? Warum? Eine Einsiedelei ist uns
hier kein religiöser, sondern ein eben so gleich-
gültiger Gegenstand, als irgend ein Heiligthum
der Mythologie, oder eine Pagode; und da die
Natur selbst eine Gegend zu einer Einsiedelei
ausgezeichnet haben kann: warum sollte ich sie
nicht dazu nützen? Es macht ja so Manchem
Vergnügen, einen Aufenthalt zu finden, wohin
er zuweilen dem Geräusche der Welt entfliehen
kann. Nur muß ich die Einsiedelei eines Gartens auch wirklich in einer solchen Abgeschieden-
heit und in der Ferne finden.

Eine solche Anlage ist auch wohl um so
mehr erlaubt, da wir noch wirklich Einsiedler
haben;

haben; und es sich ja treffen könnte, daß auch
ein Protestant einen Grund und Boden zu Lustanlagen nutzte, wo noch ein solcher hauset, und
wem würde dieser hier nicht willkommen seyn?
Was würde ich wenigstens, wäre ich ein Fürst,
nicht darum geben, wenn ich die zum Theil in
Felsen gehauene Einsiedelei bei Sitten im Wal-
liserlande, welche in der That so romantisch
liegt, als Herr de Lüc in seinen Briefen sie
schildert; oder jene bei Solothurn, welche ich
nicht sah; oder jene sogenannte Klause, welche
sie am Harz *) im Felsen fanden, in meinen
Naturgarten versetzen könnte?

Inzwischen stimme auch ich sehr für einen
heiligen Hain der Hertha, einen Druidentem-
pel, und die Wohnung eines Barden. Nur
wird dieser Ehrenmann dahin sehen müssen,
daß sein Saitenspiel bloß bei gutem Wetter
an der heiligen Eiche hange.

Auch

*) Bei Halberstadt.

J

Auch in Ansehung des Kreuzes und der Gräber, lassen Sie wohl eine Ausnahme von Ihrer strengen Regel Statt finden? Wenigstens was das erstere betrifft, wohl, wenn der Gartenbesitzer ein Katholik ist; und die letzten versagen Sie doch gewiß auch einer Geliebten, oder einem andern theuren Todten in Ihren Lustanlagen nicht?

Ich gestehe, daß mir sogar ein förmlicher öffentlicher Begräbnißplatz, wenn ich ihn mit meinen Lustanlagen verbinden und ihn nach meinem Sinn ordnen könnte, gar nicht unwillkommen seyn würde. Ich dächte auch, es sollte z. B. eine Art ähnlicher Verbindung zu Wörlitz Niemandem mißfallen können.

Und dann verdient doch wohl der, zu dessen Andenken wir das Kreuz zu errichten pflegen, mehr als alle Wohlthäter des Menschengeschlechts, ein Denkmal in unsern Gärten? Da nun aber einmal das Kreuz das allgemein angenommene Symbol seiner Verdienste ist: so,

denke

denke ich, laſſen wir es auch dabei bewenden.
Ich wenigſtens ſehe auch faſt kein ſchicklicheres.
Eine Statue, z. B., würde uns meiſtentheils
nur einen Augenblick ſeiner Bemühungen um
unſer Wohl darſtellen; aber jenes Symbol um=
faſſet Alles. Doch dadurch, daß man der
Statue durch halberhobene Bildnerei an dem
Fußgeſtelle zu Hülfe käme, könnte man wohl
auch jenes Alles umfaſſen; z. B. durch eine
Zubereitung der Kreuzigung. Aber dieß hieße
gleichwohl im Grunde auch ſeine Zuflucht zu
jenem Symbol nehmen. Wollten Sie et=
wa ſonſt durch eine Inſchrift ſich helfen, ſo ge=
ſtehe ich, daß ich gern ſehe, wenn Gebilde ohne
Inſchrift ſprechen. Und ſo wird auch mir bei
dem vermögenderen Gartenbeſitzer eine Statue
ohne Hülfsbildnerei nicht unwillkommen ſeyn,
die das Charakteriſtiſche eines Chriſtusbildes,
im Allgemeinen — nicht in einer be=
ſondern Handlung, wie ich es mir vor=
hin dachte — an ſich trägt. Auch ſie vergegen=
wärtigt uns allerdings jenes ganze Ver=
dienſt. Aber dem Minderbegüterten dient
doch

doch wohl immer das Kreuz zum schicklichsten Denkmal des großen Wohlthäters der Menschen.

Genußstörend sind Ihnen in Gärten die eben berührten Gegenstände, welche zu ernsteren Gedanken wecken? — Aber Sie wollen doch nicht lauter heitere lachende Scenen allein in Ihren Anlagen, außer, wenn die Natur selbst sie schuf, oder sie fodert? Wo diese aber ernstere hin verlangt, da wollen Sie ihren Winken doch gewiß auch folgen? Und wären denn ernstere Betrachtungen, die uns so sehr heilsam werden können, nicht auch Genuß?

Ihre Schäferhütte am Bache, soll dieß eine solche seyn, als in unsern Gegenden den Hordenschlägen auf Rädern nachgezogen wird? Oder ein kleines wirkliches Wohngebäude? Aber jene, so wie dieses, würden hier wohl ziemlich unnatürlich seyn; da erstere nur auf die Ackerfelder bei den Horden hingehört, welche nur auf einige Tage höchstens an einen Bach stoßen möchten; und letzteres keinen Schäfer-

aufent=

aufenhalt bei uns vorstellen kann, wo die Schä=
sereien gewöhnlich beträchtlich sind, und, sie
mögen nun bei den Dörfern oder allein liegen,
aus größern Gebäuden bestehn. Ein solches Ge=
bäude könnte also nur die Wohnung eines Lands=
manns vorstellen, der sein Gärtchen hier pflege,
und ein Paar Schaafe darin halte, denn außer
demselben dergleichen zu halten, würde ihm
nicht verstattet seyn.

Wenn ich Naturgarten sage, denke ich
mir allerdings auch ein ausgedehnteres Stück
Landschaft; aber sollte dieß verhindern, daß ich
nicht auch einen kleinen Gartenraum im Na=
turgeschmack ordnete? Es könnte mir ja ge=
fallen, von einem größern Naturgarten ein Stück
eigends abzusondern, und es als ein für sich be=
stehendes Ganze zu behandeln; würde dieß dann
nicht auch ein Naturgarten im Kleinen seyn?
Und warum dürfte ich denn nicht auch einen
eigenen kleinen Raum besonders nach dieser Art
anlegen?

Aber

Aber Sie tadeln auch gewiß nicht, daß jener Garten, auf den Sie anspielen, in einem andern Geschmack, als er ehedem war, geordnet worden ist; nur die Ueberladung und Verkünstelung sind Ihnen darin ein Aergerniß. Und dieß sind sie mir eben so sehr, als Ihnen. Lassen Sie uns also mit vereinten Kräften diese bekämpfen, aber nicht den Besitzer eines kleinen Gartenraums abschrecken, solchen der landschaftlichen Natur, so viel, als der gesunde Menschenverstand es erlaubt, nachzubilden.

Sie mißbilligen doch gewiß auch nicht die kleinen Anlagen hier uns gegenüber bei der Artilleriewache, *) und jene vor dem Potsdamschen Thore,

*) Unsere Artillerie hat im hiesigen kleinen Thiergarten, nördlich, in einiger Entfernung von der Residenz, wegen der hier herum und in der sogenannten Jungfernheide befindlichen Pulvermagazine, eine, an diesem Walde und der kleinen Landstraße nach Spandau, einsam gelegene Wache, welche täglich)

Thore am Wege nach dem Thiergarten,*) welche im vorigen Frühlinge entstanden sind? Ich
wenig-

täglich von einem der Herren Officiere jenes
Corps bezogen wird. Mehrere dieser Herren haben, bei ihrer Muße hier, sich und
den fühlenden Vorbeigehenden das Vergnügen gemacht, mit Hülfe ihrer unterhaben-
ten Mannschaft, die Gegend neben der Wache durch kleine niedliche Anlagen und An-
pflanzungen im Naturgeschmack zu verschönern.

*) Es ist ein kleines, zwischen Gärtnerhäusern
gelegenes Gartenfleckchen, das am Wege ein
zierliches Staket hat, welches weder die Einsicht, noch die Aussicht auf das hier sehr
lebhafte Gewühl von fahrenden, reitenden
und gehenden Spazierenden hindert. Man
hat die darauf schon gestandenen Obstbäume
erhalten, und die angelegten Gänge sich zwischen dieselben um Rasenstücke hinwinden
lassen, und seitwärts ein Gartengebäude
von Holzwerk, im edlen Styl, dessen
flaches Dach Attike Säulen unterstützen,
errichtet. Wer der geschmackvolle Anleger
ist, konnte ich im Vorbeigehen nicht gleich
erfahren.

wenigstens freue mich über dergleichen weit mehr,
als über weitläuftige neue Gärten. Sie zeugen
sicherer von ausgebreiterm Naturgeschmack,
als jene, welche die Großen oder Reicheren, weil
nun einmal engländische Gärten Mode sind, einer dem andern nachbilden laßen, ohne selbst
wahres Gefühl für die schöne Natur zu haben.

Außer diesen neuern kleinen Anlagen zeigen
Ihnen auch noch jene, die der Herr Kriegsrath
Schmidt hier bei einem unsrer Nachbarn aus-
führen laßen, so wie die Vorgärten des Herrn
Oberbaurath Becherer, und des Herrn Gehei-
meraths von Oesfeld, im Thiergarten — meines
eigenen Vorhofes nicht zu erwähnen — wie
niedlich sich kleine, im beßern Geschmack ange-
legte Räume ausnehmen.

Und so hätte ich dann — Wäre es nur
auch mit Ihrem Beifalle! — Ihrem freund-
schaftlichen Verlangen wohl hinlänglich Genüge
geleistet.

Mich

Mich muß es übrigens natürlicher Weise
sehr freuen, daß nicht allein die Benennung:
deutsche Naturgärten, genehmigt wird,
und auch der Herr Pfarrer Christ zu Kronen-
berg *) ebenfalls Gartenanlagen im bessern Geschmack von Obstgesträuchen und Obstbäumen,
wie ich schon im Kleinen den Anfang damit gemacht habe, vorschlägt; sondern auch der Geschmack an Naturgärten im Auslande Eingang
findet, und Engländer sogar zugleich anfangen,
den Naturgeschmack ihren Gartenbesitzern zu
predigen.

Diese bedürfen dieß nach gerade auch wohl
eben so sehr, als ihre Nachahmer, die sogar ihre
Pflanzungen so ängstlich ordnen, daß die verschiedenen Schattirungen des Laubes, wie in einer Stickerei, in einander greifen. So ordnete
doch die Natur wohl gewiß nirgends? Und
doch bildete sie tausendfach reizendere Massen,
als jene Verkünstelung sie je zu schaffen vermag.

Wenn

*) S. Sickler's deutschen Obstgärtner. Wei-
mar 1794 dritter Jahrgang, Nr. III. I.

Wenn doch unter unsern Großen und Rei=

dien über schöne Gartenkunst *) herr=
schen, verbreiteten; und man lernte, wie leicht
der Anleger von Lustanlagen in Verkünstelung
verfallen kann; und wie nöthig ihm daher die
tägliche Anrufung der Göttin ist, die ihn leiten
soll:

> Spüret Deinen Pfaden, o Natur! mein Auge
> nach.
> Auf den Höhn, im Thale, an dem See, im
> Hain, am Bach;
> daß ich, Holde, dann nicht irre!

Berlin,
im kleinen Thiergarten.

A. F. Krauß.

*) Aus dem Coud d'oeil sur Beloeal.

———— ————

V.

V.

Linnées Denkmal

in einer

systematischen Pflanzenparthie.

Bereits seit undenklichen Zeiten herrscht der vortrefliche Gebrauch, große, verdienstvolle Män= ner nach ihrem Tode durch öffentliche Denkmä= ler zu verehren, um ihnen im Tode noch einige Belohnung für ihre Mühe und Ar= beit zu ertheilen, welche sie zur Beförderung der Glückseligkeit der Nachkommenschaft anwen= deten. Oefters war auch dieses nur eine alte Schuld, welche man ihnen im Leben abzutragen vergessen hatte, wie uns die Geschichte so man= ches Beispiel erzählt.

Der

Der Einfluß, welchen dergleichen Denkmäler auf die Nachkommenschaft haben, ist von äußerster Wichtigkeit, und man sollte sich hierin mehr, als in mancher andern, weniger bedeutenden Sache, bemühen, den Römern und Griechen nachzuahmen; denn bei dem Anblick eines solchen Denkmals wird mancher thätige Jüngling, in dessen Busen ein stilles Feuer des Verdienstes und Ruhms glimmt, zu Handlungen angefeuert, welche ihm sein idealisirtes Ziel mehr oder weniger erreichen lassen.

Unter der Menge verdienstvoller Gelehrten, welche unser Jahrhundert zieren, ist gewiß auch der für die Naturgeschichte unsterbliche schwedische Naturforscher, Carl von Linnée der Aeltere, einer von denenjenigen, welcher auf diese Art von Verehrung Anspruch machen darf; denn er war es, welcher die Naturgeschichte, und vorzüglich die Pflanzenkenntniß, zu einer förmlichen und angenehmen Wissenschaft bildete, und uns so den Weg bahnte, auf welchem wir alle unsere jetzigen beträchtlichen Fortschritte machen.

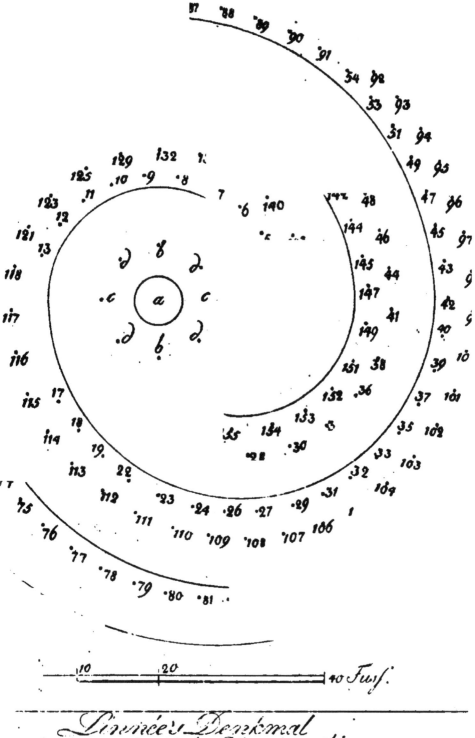

Linnée's Denkmal
in einer systematischen Pflanzenparthie.

Jeder wahre Verehrer der so angenehmen
als nützlichen Pflanzenkenntniß wird es sich da=
her für Pflicht anrechnen, mit dem Denkmal
dieses großen Mannes seinen Garten zu zieren;
und ist dieser nur von einigermaßen beträchtli=
chem Umfang, so würde die zweckmäßigste Anla=
ge, welche dieses Denkmal umgiebt, eine syste=
matische Pflanzenparthie seyn; denn hier im
Angesicht des Schöpfers der Botanik würde der
junge Anfänger derselben mit doppeltem Fleiße
beobachten, der schon Eingeweihte dieser Wissen=
schaft aber zu Arbeiten, welche ihren reellen
Fortschritt befördert, angefeuert werden.

Zu einer solchen systematischen Pflanzenpar=
thie will ich demnach versuchen, einen Plan zu
entwerfen, welchen man noch in verschiedenen
Nebendingen auf mancherlei Art, nach Befinden
der Umstände, verändern kann.

Der Raum, welchen ich hier annehme, ist
ein Zirkel von ohngefähr 80 Fuß im Durchmes=
ser, welcher auf einer angenehmen Wiese liegt,

· und

und in einiger Entfernung mit italienischen Pappeln kann umgeben werden. Er ist durch einen 4 Fuß breiten Gang in eine zurückkehrende Schneckenlinie eingetheilt, in welcher die Pflanzen auf der einen Seite von der 13ten zur 1sten, auf der andern von der 14ten zur 24sten Linneischen Klasse auf 6 Fuß breite Rabatten eingetheilt sind; so daß sich in der Nähe des Denkmals die letztere und erstere Klasse an einander schließen.

Die unter den Nummern des Plans in dem hier folgenden Verzeichnisse stehenden Pflanzen sind so viel möglich alle so gewählt, daß sie erstlich keinen großen Raum einnehmen, zweitens ein schönes Ansehen haben, drittens leicht zu bekommen sind, und endlich unsere Winter theils als Stauden, theils als Sträucher gut vertragen. Nur bei einigen konnten diese Regeln, wegen Zwang des Systems, nicht völlig beobachtet werden, doch wird sich ein jeder darin selbst zu helfen wissen, und bei großen Bäumen, z. B. kleine Exemplare wählen, welche man

mit

mit der Zeit mit andern verwechseln kann, bei
kleinern, unansehnlichen Pflanzen aber theils
durch ihre Menge, theils durch ihre Nachbar-
schaft die Lücken ausfüllen.

. Bei ihrer Vertheilung ist immer auch, so
viel als es sich thun ließ, auf die Wirkung, welche sie aufs Auge machen sollen, gehörige Rücksicht genommen worden.

In den innern zirkelförmigen Platz kömmt
das Denkmal Linnée's auf die Rasenterrasse a zu
stehen, welches übrigens nach eines jeden eige-
nem Geschmack ausgeführt werden kann, im wesentlichen aber immer dessen Büste mit der auf
ihn gemachten Preisinschrift:

Nocte sub alta,
Omnis late natura jacebat,
Vixit Linnaeus!
Lux et ubique fuit.

enthalten muß. Am Fuße dieses Denkmals wird
sich die Linnea borealis, welche man von Wittenberg, Berlin ꝛc. wo sie wild wächst, erhalten
kann,

kann, sehr vortheilhaft und vielsagend anbrin-
gen lassen. Um das Denkmal herum können
b. b. entweder babylonische Weiden (Salix ba-
bylonica) oder Weymuthskiefern (Pinus Stro-
bus), bei c. und c. Bohnenbäume (Cytissus
Laburnum) oder rothe Acacien (Robinia
hispida) und zwischen diesen bei d. d. d. d.
hochstämmige Rosenstöcke angebracht, der ganze
Zirkel aber mit hohen Flammenblumen (Phlox
paniculata) eingefaßt werden.

In der Nähe des Zirkels kann No. 20. ein
kleines Gebüsch formiren, welches wegen der
Schönheit dieses Strauchs einen sehr guten Effect machen wird.

Die Einfassungen der Rabatten werden am
schicklichsten durch eine, einen halben Fuß breite
Rasenborde gemacht werden können.

Die äußere Linie, welche den beiden Ein-
gängen linker Hand liegt, kann am schicklichsten eine kleine Rosenhecke formiren.

Unter

Unter den Nummern des Verzeichnisses sind öfters mehrere Pflanzen angeführt, um im vorkommenden Fall eine vor der andern wählen zu können.

Sollte dieser Plan auf einen größern Platz, als gegenwärtiger ist, bei welchem man alles nur im Kleinen unterhalten kann, angewendet werden, so würde man freilich ungezwungener dabei seyn, und manche vortheilhafte Abänderung darin machen können. Im Fall aber der Raum noch geringer, als hier angegeben ist, wäre, so könnte man entweder bloß Sträucher oder bloß Stauden und Sommergewächse dazu nehmen.

Systematisches Pflanzenverzeichniß zu Linnée's Denkmal.

(S. oben.)

I.

Monandria	Monogynia.			
1. Canna	indica.	—	—	2
	♂			NB.

NB. Aus Mangel einer andern in dieser Ordnung, muß man sie nehmen; sie hält aber nur den Sommer über im Freien aus, im Winter setzt man sie ins warme Haus.

2. Salicornia	fruticosa.	—	♄
— — — —	Digynia.		
3. Blitum	virgatum.	—	☉

II.

Diandria   Monogynia.

4. Monarda	didyma.	—	♃
Circaea	lutetiana.		
Veronica	virginiana.		
5. Jasminum	fruticans.	—	♄
Syringa	persica.		
— — — —	Digynia		
6. Anthoxanthum	odoratum.	—	g.

NB. Wächst auf allen Wiesen.

III.

Triandria   Monogynia

7. Eriophorum   polystachium.

Scirpus

Scirpus   sylvaticus.

NB. Erſteres Gras findet ſich auf Sumpf‐
wieſen, letzteres in ſtehenden Waſſern. Die‐
ſe und alle noch folgenden Waſſer‐ und
Sumpfwieſenpflanzen, muß man entweder
in großen Blumenäſchen, ohne Oefnungen
am Boden, eingraben, oder ſie in mit
Thon ausgelegte Gruben pflanzen und ſie
ſehr naß halten.

Cyperus	esculentus.	—	g.
8. Iris	germanica.	—	K.
9. Valeriana	rubra.	— —	♃
10. Cneorum	tricoccon.	—	♄

NB. Iſt im Winter dem Erfrieren leicht
unterworfen; man bedecke ihn daher lieber.

— — — —	Digynia.		
11. Phalaris	arundinacea.	—	g.
Arundo	Donax.		
— — — —	Trigynia.		
12. Holosteum	umbellatum.	—	☉
Mollugo	verticillata.		

IV.

IV.

Tetrandría	Monogyniá		
13. Epimedium	alpinum.	—	♃
Sanguisorba	officinalis.		
14. Gallium	sylvaticum.		
Asperula	odorata.		
15. Elaeagnus	angustifolia.	—	♄
Ptelea	trifoliata.		
Cornus	sanguinea.		
— — — —	Digynia.		
16. Hamamelis	virginica.		
17. Hypecoum	procumbens.	—	☉
— — — —	Tetragynia		
18. Sagina	procumbens.		
19. Ilex	aquisolium.	—	♄

V.

Pentandria	Monogyma	
20. Lonicera	sempervirens.	
	Peryclymenum,	.
Licium	europaeum.	

21.

21. Pulmonaria   virginica.   —   ♃

     Dodecatheon   Meadia.

— — — —   Digynia.

22. Apocynum   androsaemifolium.

     Gentiana   acaulis.

23. Astrantia   minor.

24. Scandix   odorata.

     Imperatoria   Ostruthium.

25. Periploca   graeca.   —   —   ♄

     Ulmus   campestris.

— — — —   Trigynia.

26. Viburnum   opulus.

     Tamarix   germanica.

27. Sambucus   ebulus.   —   —   ♃

28. Corrigiola   littoralis.   —   ☉

— — — —   Tetragynia.

29. Parnassia   palustris.   —   ♃

     NB. Auf Sumpfwiesen wild.

— — — —   Pentagynia.

30. Statice   Limonium.

        Armeria.

                              Aralia

Aralia racemosa.

31. — spinosa. — — ♄

Linum suffruticosum.

— — — — Polygynia.

32 Myosurus minimus. — ☉

NB. Auf naſſen Aeckern.

VI.

Hexandria Monogynia.

33. Frankenia laevis. — — ♃

34. Tradescantia virginica.

35. Iuncus maximus.

36 Lilium chalcedonicum. ♄

candidum.

Tritillaria imperialis.

37. Yucca gloriosa. — ♄

NB. Dauert in gelinden Winterhäuſern.

38. Berberis i ⸱ ⸱ vulgaris.

— — — — Digynia

39. Atraphaxis undulata. — ♄

NB. Muß mit dem Topf in die Erde

gegraben

gegraben werden und im Winter im Gewächshause stehen.

— — — —   Trigynia.

40. Rumex   alpinus.   — — ♃

                 scutatus.

41. Colchicum   autumnale.   — Z.

— — — —   Polygynia.

42. Hisma   Plantago.   — ♃

NB. **In stehenden Wassern.**

VII.

Heptandria   Monogynia.

43. Trientalis   europaea.

44. Aesculus   Pavia.   — — ♄

— — — —   Tetragynia.

45. Saururus   cernuus.   — ♃

VIII.

Octandria   Nonogynia.

46. Epilobium -   angustifolium.

47. Daphne   Mezerum.   ♄

    Erica   carnea.

                                    Digynia

Digynia.

48. Moehringia   muscosa.   —   ♃

Trigynia.

49. Polygonum   Bistorta.

               orientalis.   —   ☉

Tetragynia.

50, Paris   quadrifolia.   —   ♃

IX.

Enneandria   Monogynia.

51. Laurus   Benzoin.   —   ♄

Trigynia.

52. Rheum   palmatum.   —   ♃

             crispum.

Hexagynia.

53. Butomus   umbellatus.

NB. Wächſt in ſtehenden Waſſern.

X.

Decandria   Monogynia.

54. Dictamnus   albus.

     Sophora   australis.

55. Zygophyllum   Tabago.

    Ruta   graveolens.

56. Cercis   canadensis.   —   ♄

57. Ledum   palustre.

    Pyrola   umbellata.

    — — — —   Digynia.

58. Hydrangea   arborescens.

59. Saxifraga   umbrosa.   —   ♃

    sarmentosa.

    — — — —   Trigynia.

60. Aellaria   Holostea.   —   ♃

    — — — —   Pentagynia.

61. Lychnis   chalcedonica.

62. Sedum   populifolium.

    — — — —   Decagynia.

63. Phytolacca   decandra.

XI.

Dodecandria.   Monogynia.

64. Lythrum   virgatum.

    Salicaria.

65.

65. Asarum   europaeum.

66. Decumaria   barbara,   —   ♄

     Halesia   tetraptera.

    — — — —   Digynia.

67. Agrimonia   odora. Ait.   —   ♃

                 Eupatoria.

— — — —   Trigynia.

68. Euphorbia   dulcis.

69. — —   Characias.   —   ♄

— — — —   Dodecagynia.

70. Sempervivum   arachnoideum.   ♃

                 tectorum.

XII.

Icosandria   Monogynia

71. Amygdalus   nana.   — — —   ♄

     Philadelphus   coronarius.

— — — —   Digynia.

72. Crataegus   Oxyacantha.

— — — —   Trigynia.

73. Sorbus   aucuparia,

— — — —	Pentagynia.		
74. Spiraea	tomentosa.		
	laevigata.		
	sorbifolia.		
75. -	trifoliata.	—	♃
	Aruncus.		
— — — —	Polygynia.		
76. Potentilla	alba.		
Geum	montanum.		
77. Potentilla	fruticosa	—	♄
Rubus	odoratus.		
Calycanthus	floridus.		

XIII.

Polyandria	Monogynia.		
78. Tilia	europaea.		
79. Cistus	helianthemum.		
80. Papaver	orientalis.	—	♃
Actaea	racemosa.		
— — — —	Digynia.		
81. Paeonia	tenuifolia.		

$-$ $-$ $-$ $-$ Tetragynia.

82. Cimicifuga   foetida.

$-$ $-$ $-$ $-$ • Pentagynia.

83. Aquilegia   , vulgaris. $-$ ♃

$-$ $-$ $-$ $-$ Polygynia.

84. Trollius   europaeus.

                  asiaticus.

    Adonis   vernalis.

85. Clematis   Viticella. $-$ ♄

86. Liriodendrum   tulipifera.

XIV.

Dydynamia.   Gymnospermia.

87. Hyssopus   officinalis.

88. Melittis   Melissophyllum.   ♃

    Phlomis   tuberosa.

$-$ $-$ $-$ $-$ Angiospermia.

89. Bignonia   radicans. $-$ ♄

90. Acanthus   spinosus. $-$ ♃

91. Digitalis   purpurea.

    Melampyrum   nemorosum.

XV.

XV.

Tetradynamia	Siliculosa.
92. Cochlearia	glastifolia.
Lunaria	rediviva.
93. Iberis	sempervirens. — ♄
— — — —	Siliquosa.
94. Cheiranthus	Cheiri.
95. Cardamine	pratensis. — ♃
Erysimum	Alliaria.

XVI.

Monadelphia	Decandria.
96. Geranium	striatum.
	macrorrhizoro.
— — — —	Polyandria.
97. Hibiscus	palustris.
Althaea	officinalis.
98. Hibiscus	syriacus. — ♄

NB. Muß im Winter gut verdeckt werden.

XVII.

XVII.

Diapelphia	Hexandria		
99. Fumaria	bulbosa:	—	♃
	lutea.		
— — — —	Octandria.		
100. Polygala	vulgaris.		
	Chamaebuxus.		
— — — —	Decandria.		
101. Orobus	vernus.		
Coronilla	varia.		
102. Colutea	orientalis.	—	♄
Sparcium	Scoparium.		

XVIII.

Polyadelphia	Icosandria.		
103. Citrus	Aurantium.		

NB. Man setzt sie im Winter in ein Glashaus.

— — — —	Polyandria.		
104. Hypericum	calycinum.	—	♄
	hircinum.		

105.

105.   •   -   perforatum.   —   ♃

                 montanum.

XIX.

Syngenesia   Polygamia aequalis.

106. Prenanthes   , purpurea.

107. Cnicus   oleraceus.

      NB. **Will sehr naß stehen.**

108. Crysocoma   Lynosiris.

      Cacalia   suaveolens.

109. Santolina   Chamaecyparissus.   ♄

—   —   —   —   superflua.

110. Tussilago   Patasites.   —   ♃

      Gnaphalium   margaritaceum.

111. Aster   grandiflorus.

                 novae angliae.

      Solidago   sempervirens.

112. Artemisia   Abrotanum.   —   ♄

                 arborescens.

      Bacharis   halimifolia.

                              frustranea

		frustranea.
113.	Rudbekia	purpurea,
114.	Centaurea.	montana.
		glastifolia.
		necessaria.
115.	Silphium	connatum.
	Polymnia.	Uvedalia.
		Segregata.
116.	Echinops	sphaerocephalus.
		Monogamia.
117.	Lobelia	cardinalis.
	Viola	odorata.

XX.

Gynandria		Diandria.
118.	Orchis.	bifolia.
		maculata.
119.	Cypripedium	Calceolus.
		Triandria.
120.	Sisyrinchium	Bermudiana.
		Pentandria
121.	Passiflora	caerulea. ♄

NB.

NB. Muß im Winter gut verdeckt werden.

— — — — Hexandria.

122. Aristolochia Clematitis. — ♃

— — — — Polyandria

123. Arum maculatum.

Dracunculus.

XXI.

Monoecia. Triandria.

124. Carex acuta. — — g.

12 . Axyris ceratoides. — ♄

— — — — Tetrandria.

126. Betula incana. — — ♄

Buxus sempervirens.

Morus papyrifera.

— — — — Pentandria.

127. Amaranthus tricolor. — ☉

caudatus.

128. Iva frutescens. — ♄

— — — — Polyandria.

129. Quercus Robur.

♀ Corylus

Corylus   Avellana.

130. Poterium   sanguisorbae. — ♃

— — — —   Monadelphia.

131. Pinus.   Thuya. , Cupressus. — ♄

132. Ricinus   communis. — ☉

— — — —   Syngentsia.

133. Bryonia.   alba. — — ♃

XXII.

Dioecia   Diandria.

134. Salix   cinerea. — ♄

         rosmarinifolia.

— — — —   Triandria.

135. Empetrum   nigrum.

— — — —   Tetrandria.

136. Myrica   cerifera

    Hippophae   rhamnoides.

— — — —   Pentandria

137. Zanthoxylum   fraxineum.

138. Humulus   lupulus. — ♃

— — — —   Hexandria

139. Dioscorea   villosa.

140.

140. Smilax   aspera. — —   ♄

 — — — —   Octandria.

141. Populus   tremula.

142. Rhodiola   rosea. — —   ♃

 — — — —   Enneandria.

143. Mercurialis   perennis.

 — — — —   Decandria.

144. Coriaria   myrtifolia. —   ♄

 — — — —   Dodecandria.

145. Menispermum   canadense.

146. Dadisca   cannabina. —   ♃

 — — — —   Monadelphia.

147. Napaea   scabra.

148. Juniperus.   Taxus. —   ♄

 — — — —   Syngenesia.

149. Ruscus   aculeatus.

XXIII.

Polygamia.   Monoecia.

150. Acer   pensylvanicum.   ♄

151. Veratrum   album — —   ♃

152. Valantia   cruciata.

Pari-

Parietaria,   officinalis.

153. Holcus   lanatus.   —   g.

— — — —   Dioecia

154. Gleditsia   triacanthus.   —   ♄

— — — —   Trioecia

155. Ficus   Carica.

XXIV.

Cryptógamia   Filices.

156. Polypodium   Filix mas.   —   ♃

    cristátum.

— — — —   Musci.

157. Polytrichum   commune.

— — — —   Algae

158. Marchantia   polymorpha.

NB. Man unterhält diese Pflanze auf feuchten Steinen.

— — — —   Fungi.

159. Agaricus   campestris.

Erklä.

Erklärung der Zeichen.

⊙ Sommergewächse.

♃ Staudengewächse.

♄ Strauchartige Gewächse.

g. Gräser.

K. Knollengewächse.

Z Zwiebelgewächse.

Nota 1.

So lange nicht ein Zeichen abwechselt, sind alle folgende Pflanzen von eben der Art.

Nota 2.

Alle diese Pflanzen sind in Dresden bei dem Herrn Hofgärtner Seidel und an mehrern andern Orten zu finden.

VI.

VI.

Ueber die fehlerhafte Bauart unserer meisten deutschen Gewächshäuser.

Zu keiner Zeit war wohl die Liebe zur Anpflanzung ausländischer Gewächse in Deutschland mehr Mode, als in unsern Zeiten, und gleichwohl muß man sich verwundern, daß man in der leichtern und minder kostspieligen Methode der Erziehung derselben soweit zurück bleibt. Die Ursache ist, weil Ausländer immer unsere Muster sind, und weil wir glauben, daß nur ein Engländer oder Holländer es verstehe, wie man ausländische Pflanzen erziehen müsse. Und doch schmeichle ich mir behaupten zu dürfen, daß beide Nationen, ungeachtet der Vielschreiberei der Engländer, über diesen Gegenstand immer am Alten kleben bleiben. Ein Beweis dessen

deſſen ſind ihre höchſt fehlerhaften Treib= und
Gewächshäuſer, die wahrlich gar nicht dazu
gemacht ſind, geſunde dauerhafte Pflanzen darin
zu erziehen. Was nicht Pflanzen von einer
leichten Ueberwinterung ſind, vegetiren meiſt
nur in denſelben, ohne daß ſie zur Blüthe oder
gar zur Frucht und gänzlich reifen Saamen
kommen ſollten. Und wenn dieß auch einmal
geſchieht, ſo iſt es eine wahre Seltenheit. Dieſe
nach alter Sitte erbauten Treibhäuſer gleichen
daher mehr einem Invalidenhauſe als einem
Aufenthalte geſunder Pflanzen. Es iſt auch gar
nicht zu verwundern, weil der größte Theil ihrer
Schriftſteller Handelsgärtner ſind, denen es mehr
um einen oft wiederholten Abſatz, als um Er=
haltung und ächte Pflege der Pflanzen ſelbſt zu
thun iſt. Denn Verbreitung ächt=botaniſcher
Kenntniſſe, Ergründung der Wiſſenſchaft ſelbſt
und wahre Fortſchritte in derſelben, iſt ſowohl
in England als Holland ſeit beinahe einem Vier=
teljahrhundert ziemlich erſtorben. Lebendige
Pflanzenſammlungen ſind eine Art Prunk da=
ſelbſt, die mehr den Reichthum des Beſitzers
an=

ankündigen soll, als daß man, nach dem großen und erhabenen Beispiele ihrer unsterblichen Vor-ältern die Pflanzen-Charakteristik und Pflanzen-Physiologie studiren, und die Grenze der Wissen-schaft selbst ausdehnen sollte. Beinahe möchte man glauben, daß nach Erscheinung des Lin-néeischen Systems beide Nationen in eine Art Apathie versunken, und der ehemalige For-schungsgeist ganz verschwunden sei. Ihre meisten Anleitungen zu Anpflanzung aus-ländischer Pflanzen sind daher in unsern Zeiten von sehr unbedeutendem Werthe, und von ihren voluminösen Werken könnte man getrost drei Viertel ausstreichen, wenn man nur dasjenige wegließ, was als ewige Wiederholung bei dem größten Theile der Pflanzen vorkömmt. Doch ich schränke mich hier bloß auf die Gewächshäu-ser ein, um zu zeigen, daß solche nach nichts weniger als nach philosophischen auf die Natur der Gewächse anwendbaren Grundsätzen erbaut sind, und die Pflanzen daselbst unterhalten werden.

Ge-

Gewächshäuſer ſind beſtimmt ausländiſche
Pflanzen in unſerm ungleich kältern Himmels-
ſtriche nicht allein zu unterhalten, ſondern ſie
auch ſo zu pflegen, daß ſie ihren gedeiblichen
Wachsthum eben ſo, oder beinahe eben ſo gut,
wie in ihrem Vaterlande, fortſetzen können.
Ob es einem deutſchen Gelehrten und einem
deutſchen Staatsbürger nützlich ſei, die Afrika-
niſchen, Aſiatiſchen und andere ausländiſche Un-
kräuter kennen zu lernen, und auf ihre Verpflegung ſo viele Summen zu verwenden, dieß iſt
eine Frage, deren Beantwortung nicht hieher
gehört. Ich unterwerfe dieſelbe der herrſchen-
den Mode, nehme ſie als unbedingt nothwendig,
folglich als entſchieden an, und will daher hier
nur unterſuchen, wie die Verpflegung dieſer
ausländiſchen Pflanzen am leichteſten ausführ-
bar ſei.

..So viel ich durch eine mehr als fünf und
zwanzigjährige Ausübung weiß, laſſen ſich die
nun bekannten ausländiſchen Gewächſe überhaupt in viererlei Claſſen eintheilen:

1) In

1) In solche, die einen hohen Grad Hitze
erheischen und zu keiner Zeit bei uns an freier
Luft ausdauren können, weil ihnen, die selbst
in unsern heißesten Zeiten eintretende Morgen-
kühlung zuwider, oder gar schädlich ist.

2) In solche, denen die freie Luft in unsern
heißern Jahreszeiten höchst nützlich ja nothwendig ist, und die man daher vom Frühjahre an
durch Fensteröfnungen an den freien Genuß der
Luft gewöhnt, und sie dann gegen Ende des
Mai derselben ganz aussetzt. Des Winters erheischen diese Pflanzen einen nicht viel geringern
Grad Wärme, als die Pflanzen von No. 1.

3) In solche, die des Winters einen geringen Grad Wärme in den Treibstuben erheischen,
im Frühjahre aber bei Zeiten der freien Luft
ausgesetzt seyn wollen, weil der Stand in den
Treibhäusern ihnen dann schädlich ist, sie kränk-
lich macht, den Insekten und sonstigem offenba-
ren Verderben bloß stellt.

4) In

4) In solche, die des Winters nur vor dem
Froste bewahrt seyn wollen, im Frühjahre aber
zeitig die freie Luft haben müssen.

Welchen Grad von Winter- und Sommer-
wärme, welchen Grad von Luft diese ausländischen Pflanzen erheischen, läßt sich nur durch
eigene Beobachtung und Erfahrung, und gar
nicht durch die monotonen Gärtner-Lexica bestimmen. So viel ist sicher, daß das bei einzelnen Pflanzen im Linnéischen Systeme ange-
gebene Vaterland ein höchst unzuverlässiger Lei-
ter seyn würde. Gesetzt auch, daß diese Pflanzen
in dieser angegebenen Gegend wirklich leben, so
ist die freie Luft, die sie da genießen, sehr von
jenem Stande entfernt, den unsere Treibhäuser
ihnen darbieten. Ueberhaupt ist es mit dem
Ausdaurungsvermögen einer Pflanze eine ganz
eigene Sache. Bei meinem beständigen Bestre-
ben, die ausländischen Pflanzen in einem geringern Grade von Wärme zu erhalten, habe ich
durch Erfahrung gefunden, daß manche Pflanzen allerhand Grade von Wärme ertragen können,

nen, und in diefen verfchiedenen Wärmegraden
fich gleich wohl und gleich frifch befinden. Ja
ich habe beobachtet, daß z. B. ägyptifche Pflan=
zen und einige von Otahyti fo gar bei uns in
freier Luft vortreflich gedeihen, *) jährige Pflan=
zen nicht allein ihren reifen Saamen abliefern,
fondern fogar auf der Stelle, wo fie ftanden,
durch ausgefallenen Saamen fich ganz kunftlos
fortpflanzten. Andere änderten fich in perenni=
rende Pflanzen um, verloren zwar im Winter
ihr über der Erde ftehendes Kraut oder holzar=
tiges Gewächs, fchlugen aber im Frühjahre aus
ihrer, den Winter über unter der Erde fich frifch
und gefund erhaltenen Wurzel von neuem wie=
der aus. Hingegen fand ich auch andere, die
ein fo genau beftimmtes Klima erheifchten, daß
fie fchlechterdings zu Grunde giengen, wenn fie
dieß nicht vorfanden. Manche Pflanzen aus
dem Delphinat z. B. die doch alle Ausficht zur
Naturalifirung gaben, ftarben des Winters im
Freien immer ab, dauerten aber in den kalten

Häu=

*) Als ein einziges Beifpiel will ich hier nur
die verfchiedenen Arten von Lanna L anführen.

Häusern auf der allergeringsten Stelle sehr leicht aus. Mein sicherstes Merkmal, den Grad der Wärme für jede Pflanze zu bestimmen, war die Beobachtung, welchen Einfluß die sogenannten Pflanzenläuse oder andere Insekten auf sie ausübten. So bald ich sah, daß diese auf einer Pflanze sich einnisteln wollten, schloß ich auf die Schwächlichkeit der Pflanze selbst, die sie durch zu viel Wärme überkommen hatte, und stellte sie auf einen kühlern Ort. So sind manche Pflanzen von dem Lohbeete nach und nach in jene Treibhausstuben gewandert, die mit dem geringsten Grad von Wärme unterhalten worden sind. Andere, besonders holzartige, oder einen Holzstamm habende sind aus dem Treibhausstuben in die kalten Häuser in der Folge der Zeit übergegangen, wenn sie schon in dem ersten und zweiten Jahre ihres Lebens diesen geringen Grad von Schutz nicht ertragen konnten. Es lassen sich also schlechterdings keine allgemeine Regeln für die einzelnen Pflanzen angeben, sondern alles hängt von der gesunden Beurtheilungskraft und beständiger Beobachtung desjenigen
gen

gen ab, dem die Oberaufsicht über die Gewächshäuser übertragen ist, und der seine Untergebe-
nen so zu unterrichten wissen muß, daß sie im
Stande sind, bei jedem einzelnen Vorfalle ihm
Bericht abzustatten, den er dann auf der Stelle
selbst prüfen muß.

Nichts kostet, vorzüglich bei der Winter-
pflege der Pflanzen in den Häusern, mehr Mühe,
als die Leute zur richtigen Beurtheilung zu
bringen wie sie sich mit dem Begießen in den
Töpfen zu verhalten haben. Einer der gewöhn-
lichsten Fehler, die sich hier ereignen, ist, daß
die Pflanzen im Winter zu viel Wasser erhalten;
denn, ungeachtet aller künstlichen Wärme, die
man den Pflanzen im Winter verschafft, sind sie
doch (ausgenommen einige z. B. von dem Vorgebirge der guten Hoffnung,) in einer Art von
Wachsthumsstillstande, und in diesem Zustande
bedürfen sie nur weniges Wasser; selbst auch
dann, wenn das Bedürfniß des Gießens wirklich
eintritt, nur sehr weniges Wasser auf einmal.
Aus Bequemlichkeit, oft auch aus Mangel der

Beurtheilungskraft bekommen aber die Töpfe
gewöhnlich zu viel Wasser auf einmal, die Pflan=
zen erblassen dann, erkranken und bekommen
vorzüglich Wurzelkrankheiten, an denen sie ent=
weder gar absterben, oder doch den ganzen Som=
mer bedürfen, ehe sich diese Wurzeln wieder
ausheilen.

Aber das eigentliche Gebrechen und die
Hauptursache, warum bei der kostspieligen Un=
terhaltung ausländischer Gewächse in den Win=
terhäusern dennoch so wenig Gedeihliches be=
wirkt wird, sind die Häuser selbst. Es ist unbe=
greiflich, daß man hierüber so wenig nachgedacht
hat, immer es bei den alten Gebrechen bewen=
den läßt, und nur bei den Holländern und Eng=
ländern sich Rathes erholt, die längst in allem,
was Landbau, Gärtnerei und Forstwissenschaft
anbelangt, kurz in Gewinnung der Producte
über der Oberfläche der Erde aufgehört haben,
unsere Lehrmeister zu seyn, und denen es nun
gebührt, bei den Deutschen in die Schule zu
gehen. Ich habe zwar in den Vorlesungen der

Chur=

Churpfälzisch = physikalisch = ökonomischen Gesell=
schaft III. B. eine Abhandlung über die Oran=
gerie = und Treibhäuser geliefert, die ich alle die=
jenigen zu lesen bitte, denen dieser Aufsatz von
einigem Interesse ist. Denn hier will ich nur
die Fehler dieser altmodischen, sclavisch nachge=
ahmten Winterhäuser erörtern, und alle diejeni=
gen darauf aufmerksam machen, die Winterhäu=
ser besitzen und unterhalten.

Der allererste Fehler dieser Winterhäuser ist
ihre Stellung gegen Süden. Daß man anfäng=
lich diese Häuser der Mittagssonne ausstellte,
war verzeihlich; denn man hatte noch keine hin=
längliche Erfahrung von dem Verhältnisse aus=
ländischer Pflanzen zu unserm Himmelsstriche,
gieng von Meinungen, die in falsche Grundsätze
ausarteten, aus, und war in der Morgenröthe
unserer ausländischen Pflanzencultur noch nicht
im Stande, diese eingeschlichenen Fehler zu ver=
bessern. Aber daß man noch bis diese Stunde
alle neu zu erbauende Winterhäuser gegen Sü=
den aussetzt, ist ein unverzeiblicher Fehler, weil

man

man dadurch der Pflanzenpflege die allergrößten
Hindernisse in den Weg legt. Ich will diese
Hindernisse kurz beleuchten.

Das Licht, vorzüglich die wohlthätige Wärme der Sonnenstrahlen, wenn sie des Winters
an dem Horizonte erscheint, ist den Pflanzen ein
wahrer Lebensbalsam, und der denkende Gärtner ist höchlich erfreut, wenn er seinen Gefange-
nen diese Wohlthat zufließen sieht. Aber da die
Sonne in den Wintermonaten gewöhnlich eine
Seltenheit ist, so hätte man längst daran denken sollen, diesen Winterhäusern eine solche
glückliche Exposition zu geben, durch welche jeder Sonnenblick, er erscheine zu welcher Stunde
er wolle, von den Fenstern der Häuser aufgefan-
gen und den Pflanzen zugeführet werden kann.
Aber das gerade Gegentheil ereignet sich bei der
Exposition gegen Süden. Scheint die Sonne
in den frühen Morgenstunden, so ist sie für die
Pflanzen verloren, nur Abendsonne kömmt ihnen
zu Statten, und da um diese Zeit die Dünste
die Athmosphäre schon wieder zu verdunkeln an-

M   fangen,

fangen, so ist auch dieser Sonnenblick für die Pflanzen so gut wie verloren.

Aber nicht allein im hohen Winter ist diese Exposition gegen Süden ein auffallendes Gebrechen, sondern dieselbe äußert das ganze Jahr hindurch ihre schädlichen Einflüsse; denn selbst in den Hundstagen, wo man oft vor erstickender Wärme nicht athmen kann, beobachtet man Morgens gleichwohl gegen Aufgang der Sonne eine sehr erquickende Kühlung, die man aber im Frühlinge, im übrigen Theil des Sommers und im Herbste gar oft Kälte nennen kann. Es ist also ein wahres Geheimniß, den Pflanzenhäusern eine solche Stellung zu geben, in welcher sie zu jeder Jahreszeit die aufgehende Sonne auf den Fenstern liegen hat. Bei der Stellung gegen Süden aber ist diese Morgensonne geradezu für die Pflanzen verloren.

In dem hohen Sommer ist die Nachmittagssonne ein wahrer Fehler in den Häusern. Sie brennt dann mit ihren Strahlen so heftig ein,

ein, daß die Blätter jener Pflanzen, die das
Haus nicht verlassen können, Brandflecke bekommen. Man ist alsdann genöthiget Schatten zu
machen, und wenn dieß vergessen wird, so gehen
viele Pflanzen zu Grunde. Dieß sind Folgen
von der Exposition gegen Süden. Erwählt
man aber jene Lage für die Häuser, wo jeder
Sonnenschein im Winter den Pflanzen zu gute
kömmt, und wo jeder Aufgang der Sonne die
Häuser ergötzt, da verliert sich im Sommer die
Sonne vor den Fenstern in dem Zeitpunkte, wo
sie aufhört wohlthätig zu seyn, hingegen an-
fängt verstörende Wirkungen zu äußern.

Ich könnte noch mehr Gebrechen anführen,
die diese Lage gegen Süden hervorbringt. Aber
um diesem Aufsatze nicht zu viel Ausdehnung zu
geben, muß ich hier abbrechen. Ein jeder auf-
merksame Beobachter wird die Zahl dieser Gebrechen leicht auffinden, besonders wenn er das
Glück hat, Winterhäuser zu beobachten, die
oben angeführte Lage haben, und den vortrefflichen Wachsthum der Pflanzen in denselben mit

jenen

jenen Mumienartigen Pflanzen zu vergleichen, die bei der Exposition gegen Süden in einem anhaltenden Leiden sich befinden, und daher ein höchst trauriges Ansehen haben.

Der schiefe Winkel, den die meisten nach Holländischen Fehlern gebauten Treibhäuser an ihrer vordern Glasseite haben, ist ein zweites Gebrechen, welches wesentlichen Einfluß auf die Gesundheit der, der freien Luft beraubten Pflanzen ausübt. Hier will ich gar nicht in Erwägung bringen, daß diese Bauart wegen der Unterhaltung sehr kostspielig ist; denn auf diesen Grund geben gewöhnlich jene nicht Acht, die Treibhäuser besitzen, weil kostspielig zu unterhaltende Winterhäuser desto mehr Aufsehen verursachen, die daher ein anderer nicht so leicht nachahmen kann. Aber daß diese schiefe Abdachung den Pflanzen zu nah an ihre Krone reicht, sie also in allen den Ausdünstungen leben müssen, die bekanntlich der Gesundheit der Menschen und Pflanzen höchst nachtheilig sind, das sind doch so auffallende Beobachtungen, die beinahe

nahe gar keiner Erörterung bedürfen. Wird
aber nach richtigen Rechnungen die Refractions-
Abdachung inwendig in den Treibhäusern angebracht, und die auswendige Fensterwand senkrecht gesetzt, so entsteht hierdurch vorne her in
den Zimmern eine solche Höhe, die sich in den
Treibhausstuben als ein spitzig zulaufender Winkel bildet, in welchen obern Winkel die Ausdünstungen der Pflanzen sich hinziehen, die Pflanzen
selbst aber unten in einer reinen Luft leben.

Da diese senkrechte Stellung der Fensterwand eine natürliche Festigkeit darbietet, so bedarf
man hier keiner steinernen Pilaren, sondern nur
zehenzölliger sehr gesunder eichene Balken, wo
einer von dem andern fünf Schuh wenigstens
entfernt seyn kann, und wodurch große und
weite Fenster entstehen, die die Treibhäuser bis
in die letzten Winkel erleuchten. Nun weiß
man aber schon längstens, welche große Wohlthat das Licht für die Pflanzen ist, und daß sie
bei geringerer Wärme, aber hinlänglichem Genusse des Lichtes ungleich leichter ausdauren,

als

als bei ſtärkerer Wärme, aber dunkeler oder
ſchlecht beleuchteter Wohnung. Unbegreiflich
war es mir daher immer, daß man dieſen auffallenden Fehler der Treibhäuſer nicht längſt
abgeändert hat, um ſo mehr, da tieſe Abänderung ſo leicht und zum gedeihlichem Fortkommen
der Pflanzen ſo weſentlich iſt, weil das dadurch
erhaltene Licht zur Geſundheit der Pflanzen alles
beiträgt. Dieſe Nachläſſigkeit iſt ein Beweis,
daß unſer deutſcher Fleiß ſich mehr auf die No-
menclatur als die Phyſiologie der Pflanzen hin-
neigt; denn wäre Phyſiologie mehr unſer Stu-
dium, ſo würden wir ohne beſondere Mühe entdecken, was dieſem geſunden Zuſtande der Pflanzen entgegen arbeitet, und wir würden uns be-
eifern, unſern Pflanzen im Winter alles mögliche Licht und eine gereinigte Luft zu verſchaffen.
Eine fehlerhafte Expoſition gegen Süden iſt freilich nur durch gänzliche Niederreißung der Winterhäuſer zu bewirken; eine Sache, zu der man
ſich nicht ſo leicht entſchließt: aber durch Hin-
ſtellung einer ſenkrechten Fenſterwand ſeinen
Pflanzen geſunde Luft, vieles Licht, und noch

dazu

dazu den Häusern selbst Dauer und Festigkeit zu
verschaffen, das ist doch wirklich eine Sache, die
jeder Culturfreund auswärtiger Pflanzen sich
sehr dringend empfohlen seyn lassen sollte, wenn
er schon zeither weder bei den Engländern noch
Holländern so eine Bauart beobachtet hat.

Folgen der Exposition gegen Süden und
der holländischen Abdachung der Treibhäuser sind
ferner die Canäle, die doch abermals ein wahres
Gebrechen in den Treibhäusern sind, weil man
gänzlich außer-Stand ist, mittelst Canäle die
Feuerung so zu leiten, wie es das jedesmalige
Bedürfniß erheischet. Wenn ein Canal einmal
in der Wärme ist, so hängt es von dem Einhei-
zer nicht mehr ab, seine Hitze zu vermindern, er
muß es abwarten, bis die Wände des Canals
nach und nach wieder kalt werden. Sind nun
die Canäle auf die Berechnung eines dunkel
bleibenden und bedeckten Himmels geheizet, dieser bedeckte Himmel klärt sich aber unvermuthet
auf, und die Sonne fällt mit Macht auf die
Fenster, so entstehet eine solche verzehrende
Hitze,

Hitze, daß man nicht gnug eilen kann, den
Pflanzen ihre unschätzbare Wohlthat, die Sonne, zu entziehen, damit sie nicht durch die Ca-
nal- und Sonnenhitze verbrannt werden. —
Wenn nach dem 6ten Jänner die Tage sich wieder zu verlängern anfangen, hebt gewöhnlich in
unserm hiesigen pfälzischen Klima die heftigere
Winterkälte mit gewöhnlich heiterem Himmel
an. Die langen kalten Nächte erheischen nun
eine hinlängliche Einheizung in den Candlen;
beleuchtet und erwärmt aber die Sonne die
Fenster des Treibhauses, so ereignet sich der eben
angeführte Fall der zu heftigern Hitze. Ich
erinnere mich gar genau, daß ich manche Winter hindurch im Jännermonate bei Tage das Feuer
aus den Oefen schnell bis auf alle Kohlen mußte
herausziehen lassen, weil die auf die Fenster sich
werfende Sonne die Häuser so vortrefflich er-
wärmte, daß man durch Oeffnung der Thüren
der in einander laufenden Zimmer diese Sonnenhitze noch mäßigen mußte. Bei eisernen
Oefen mit langen blechernen Röhren kann man
nun gar leicht hier helfen, weil diese bald erkäl-
ten,

ten, wenn man den Brennstoff aus ihnen here
auszieht. Nicht so bei den Canälen. Fällt
eine unerwartete Kälte schnell ein, so muß man
bei den sich langsam wärmenden Canälen erst
lange warten, ehe sie die erforderliche Wärme
abliefern. Kommt aber ganz unvermuthet die
Sonne hinter dem Gewölke hervor, zerstreut
solches, und der ganze Himmel klärt sich auf, so
kehrt sich der nun einmal in Hitze seiende Canal
gar nicht daran, und liefert seine Hitze anhaltend
ab, gerade als wenn an keine Sonne zu denken
wäre. Freilich fällt dieser Fall bei den gegen
Süden exponirten Treibhäusern selten vor; denn
sie haben im Winter von der Sonnenwärme
wenig oder nichts zu erwarten, weil eben diese
Exposition die Sonne ja von den Fenstern ab-
hält. Aber eben deswegen taugt diese Exposition gegen Süden gar nichts, indem sie die
Pflanzen ihrer größten Wohlthat, der Sonnenwärme und des Sonnenlichts beraubet.

Freilich ist ein Canal eine Faulenzerbank,
wo man bei gewöhnlichen kalten und bedeckten
Himmeln

Himmeln sein Feuer in demselben hineinmacht, und dann glaubt, sich ganz ruhig auf das Ohr legen zu dürfen. Aber wer Gelegenheit gehabt hat, Treibhäuser mit eisernen Oefen geheizt, mit jenen zu vergleichen, die mit Canälen geheizt werden, der muß den Unterschied deutlich und auffallend bemerken. Die Treibhäuser des hiesigen churfürstlichen botanischen Gartens waren so reinlich wie Staatsstuben, die Pflanzen mitten im Winter so natürlich grün, daß sie das Auge ergötzten; zugleich war eine so reine Luft in denselben, daß man mit wahrem Vergnügen darin verweilte, wie ich mich auf das Zeugniß aller jener Fremden berufe, welche die, unter meiner Aufsicht stehenden Treibhäuser in diesen Jahreszeiten besehen haben. Und diese Heizung mit Oefen und langen blechernen Röhren ist nicht allein eine außerordentliche Holzersparniß zum höchsten Vortheile der Pflanzen selbst, die bei einem Canalfeuer gewöhnlich zu viel und einen zu ungleichen Grad Hitze erdulden müssen, sondern sie ist auch für die einheizende Leute gar nicht beschwerlich. Bei mir

waren

waren des Sommers und Winters nur zwei
Männer, die den Garten bedienten. Im Winter hatte einer die Vormitternacht- und der
andere die Nachmitternachtwache. So wohl bei
Tage als bei Nacht wurden alle halbe Stunden
die in jedem Zimmer aufgehängten Thermometer nachgesehen, und nach dem befundenen Grade das Feuer in den Oefen unterhalten. Jedem
Zimmer war sein Wärmegrad bestimmt, und
die Leute wußten dieß alles so genau zu besorgen,
daß sie bis auf einen Spahn berechnen konnten,
wie viel Holz jedes Mal zugeschürt werden
mußte. Und weil alle halbe Stunden, Tag und
Nacht, nach den Oefen gesehen ward, so blieben
die Pflanzen immer in einem gleichen Grade der
Wärme. Da ich mein Studierzimmer in dem
Garten selbst hatte, und jeden Morgen, das
Wetter mochte seyn wie es wollte, in demselben
bis zur zwölf Uhr Stunde zubrachte, so kann ich
für alles dieß, was ich hier niederschreibe, mit
meiner Ehre bürgen.

Freilich werden die Meisten ihre bisherigen
Treibhäuser, gegen Süden exponirt, mit hollän-

disscher

tischer Abdachung und mit Candlen versehen,
vorziehen, weil sie von den anders gebauten
keine Erfahrung haben. Aber ich will ihnen
hier gleich einen wahren Probierstein an die
Hand geben, durch welchen sie die Güte der
Häuser beurtheilen können. Und dieß sind diejenigen Pflanzen, die ein Lohbeet erheischen, und
auch in dem höchsten Sommer das Treibhaus
nicht verlassen dürfen. Wenn diese Pflanzen
zur Blüthe und zur Frucht kommen, so darf
man sich schmeicheln, daß man nicht allein wohl
gebaute, sondern auch wohl unterhaltene Treibhäuser habe. Hier nehme ich aber unter Lohhauspflanzen solche an, die durch lange Erfahrung diese empfindliche und vorsichtige Cultur
wirklich erheischen, und nicht solche, die nach
dem höchstbeschränkten Gesichtskreise des in Göt-
tingen verstorbenen Murray in denselben leben
mußten, weil das Linnéeische System diese Stelle
ihnen anwies. — Aber das ist nicht genug,
daß diese Lohhauspflanzen einmal blühen und
Früchte tragen; denn dieß kann ein Lotterie
ähnlicher Zufall seyn, auf den sich Niemand
etwas

etwas zu Gute thun muß. Von dem Aufseher
der Treibhäuser muß es abhangen, welche von
diesen Pflanzen ihm in dem Laufe des Sommers
blühen sollen oder nicht, vorausgesetzt, daß die
Pflanzen in das Zeitalter eingetreten sind, wo
sie Blüthe hervorbringen können, und zweitens
der Sommer so beschaffen ist, daß die wohlthätige Kraft der Sonne sich hinlänglich äußert.
Es würde hier zu weitschichtig seyn, mehrere
dergleichen Pflanzen zu benennen, die diese Loh-
hauswärme wirklich erheischen. Doch will ich
einige anführen, deren Wurzel des Winters in
einem gänzlichen Stillstande sind, und daher
nichts anders erfordern, als daß sie ordentlich
aufgehoben, im Frühlinge aber wieder in das
warme Lohbeet gesetzt werden. Diese Pflanzen
sind nach der Benennung der Ed. XIV. Syste-
matis Vegetabilium

Amomum Zingiber.

— — Zerum berh.

— — Cardamomum.

— — Curcuma.

Costus

Costus arabicus.

Alpinia racemosa.

Maranta Galanga.

Curcuma rotunda.

—— —— longa.

Kaempferia Galanga.

—— —— rotunda, u. a. m.

Wenn man von diesen Pflanzen Wurzeln hat, die die Töpfe beinah oder ganz, nicht in der Tiefe, sondern nah an der Oberfläche ausfüllen, und kann ihnen durch die Kraft der Treibhäuser jenen Wärmegrad verschaffen, den sie bedürfen, giebt ihnen auch die erforderliche Menge von Wasser, so fangen diese im Winterschlafe gelegenen Wurzeln gleich an, mächtig in ihr schilfartiges Kraut zu schießen, und sicher gegen den August zu blühen. Nur der Costus arabicus hat mir wahrhaft zeitigen Saamen abgeliefert; denn dieser Saame ging sehr gerne auf. Von den andern habe ich dieses nicht beobachten können, wahrscheinlich, weil sie zu jenen

ienen Pflanzen gehören, deren Vermehrungsvermögen in Verlängerung der Wurzel besteht,
und eben dadurch eine Unfähigkeit besitzen,
Saamen anzusetzen, wie ich dieß in einer andern
Abhandlung bewiesen habe. *) Diese Unfähigkeit, Saamen anzusetzen, war mir dadurch
höchst wahrscheinlich, weil diese Pflanzen bei
ihrem heftigen Wuchse über der Erde so mächtig unter der Erde sich ausdehnten, so, daß die
Wurzeln ihre Scherben zersprengten, und sich
mit denselben in das Lohbeet ausbreiteten. Die
Martynia perennis L. zeigt den nämlichen
Wachsthum, und hat bei mir jedes Jahr zu
Ende Augusts, oder wenn die Sonnenwärme
geringer war, auch später geblühet, aber auch
niemalen nur die geringste Spur gezeigt, daß
sie zu Saamen anzusetzen verlange. Hingegen
hat sie sich ganz außerordentlich in ihren Wurzeln vermehrt. Mir hat es in den Treibhäusern
des hiesigen botanischen Gartens nie gefehlt,
diese oben angezeigten Gewächse zur Blüthe zu.

bringen,

*) f. Acta palat Vol. VI physic.

bringen, wenn dieß meine Absicht gewesen, wie
solches mehrere Jahre hinter einander es war, da
ihr Blüthenbau der Gegenstand meiner Beobachtungen abgegeben, wie dieß theils meine bereits
gedruckten, theils noch handschriftlich da liegen-
genden Erfahrungen beweisen.

Der Pisang, (Musa paradisica L.) ein oft
beinah greisenartiger Bewohner unserer Treibhäuser, hat von Einsetzung der Wurzel höchstens zwei Jahre bei mir erheischt, um seine zeitige Früchte zu bringen und dann abzusterben.
Folgten aber zwei gute Sommer hinter einander,
so kürzte sich dieser Zeitpunkt ebenfalls ab, und
ich habe Früchte in einem Zeitraume von vierzehn bis achtzehn Monaten hier zeitig werden
gesehen. Auch dieser Pisang ist ganz unfähig,
Saamen anzusetzen, hingegen hat er ein unbe-
greifliches Wurzelvermögen, durch welches er
sich ganz allein fortpflanzt.

Die Cactus - Arten, die man unter dem
Namen Cereus viel gewöhnlicher kennt, haben

alle

alle Jahre in den hiesigen Treibhäusern häufig
geblüht, selbst der Cereus triangularis, der doch
vielleicht in Deutschland noch wenig zu diesem
Grade der Vollkommenheit gekommen ist. Der
Cereus grandiflorus hat oft an einem Stamme
in einem einzigen Sommer über zwanzig Blüthen gebracht, und eben so willfährig haben sich
alle andere Cereus-Arten bei mir bewiesen,
auch oft zeitige Früchte getragen; doch sind
meistens die Blüthen abgefallen ohne anzusetzen,
oder wenn sie auch wirklich Früchte angesetzt
hatten, so sind diese doch meistens nach acht
oder vierzehn Tagen abgefallen. Und gleichwohl
habe ich diese sämmtlichen Cereus-Arten im
Winter bei sehr geringer Wärme erhalten. Sie
standen beständig in der am wenigsten einge-
feuerten Treibhausstube hinter der Stellage an
die Wand angelehnt. Nur der Cereus grandiflorus und C. triangularis standen an den
Fenstern, um desto leichter an der Wand hin-
aufklettern zu können. Wenn nun im Frühjahre nach und nach die Pflanzen an die freie
Luft gebracht waren, so wurden die in einander

N   sich

sich öffnenden Thüren der Treibstuben ausgeho-
ben; alle Pflanzen, die nicht gerade das Lohbeet
erheischten, in diese drei Zimmer vertheilt, wodurch in allen drei Zimmern ein meist gleich
hoher Grad Hitze entstand, der öfters so unerträglich heftig war, daß man in den Morgenstunden sich kaum einige Augenblicke darin auf-
halten konnte. In dieser außerordentlichen
Hitze standen: die Pflanzen mit dem lebhafteßen
Grün da, hatten einen ganz vortrefflichen
Wuchs, kamen zur Blüthe und brachten reifen
Saamen, wenn es anders ihre Natur war, sich
durch reifen Saamen fortzupflanzen.

Treibhauspflanzen, deren Eigenschaft es
erheischet, in den Sommermonaten der freien
Luft zu genießen, können nie einen Maaßstab
abgeben, die Güte der Treibhäuser zu beurtheilen; aber Pflanzen, die nie und zu keiner Zeit
unsere freie Luft vertragen können, sind ganz
hiezu geeignet, und diese begünstigen die ganz
natürliche Folge, daß Treibhäuser, die diesen
Lohhauspflanzen so günstig sind, auch den leichter
zu

zu verpflegenden Pflanzen höchst angenehm seyn
müssen. Bei den so mannichfaltigen Unglücks-
fällen, die diese von mir erbauten Treibhäuser
erdulden müssen, da sie mehreren Ueberschwem-
mungen ausgesetzt waren, wo die Häuser einige
Male drei bis vier Schuh unter Wasser standen,
habe ich keinen so beträchtlichen Nachtheil empfunden, und mit Hülfe meiner vortrefflichen
Treibhäuser war der erlittene Schaden in wenigen Jahren bald wieder ersetzt, wofern nur die
Pflanzenwurzeln nicht ganz ertrunken waren.

Noch muß ich hier eine Bemerkung an-
fügen, die beweiset, daß diese sogenannten Lohhauspflanzen unsere Luft gar nicht lieben. In
der Meinung, daß diese Luft ihnen doch nützlich
seyn könnte, habe ich in der ersten Reihe von
Fenstern einige derselben so einrichten lassen,
daß man sie wie Thüren und nach einer beliebigen Weite öffnen konnte. Aber in der Folge
fand ich, daß diese Luft zu unmittelbar an die
Pflanzen kam, und wenn auch schon nicht einen
gänzlichen Stillstand, doch ein langsames Fort-

schreiten

schreiten in ihrem Wachsthume veranlaßte. In
der Folge der Zeit ließ ich diese Vorrichtung
in die zweite Reihe von Fenstern, aber mit dem
nämlichen schlechten Erfolge machen. Immer
in der Meinung, daß eine wohl durchwärmte
Luft diesen staatsgefänglichen Lohhauspflanzen
nützlich seyn müsse, wenn man nur die Kunst
verstünde, diese deutsche Luft ihrer vaterländischen Luft ähnlich zu machen, ließ ich die oberste
Reihe von Fenstern so vorrichten, daß man in
der Spitze der obersten Höhe der Treibstube nach
einer beliebigen Weite solche öffnen konnte.
Aber auch dieser Versuch war vergebens, und
ich war in der Folge genöthiget, alle diese Kün-
steleien mit Einlassung von frischer Luft einzu-
stellen. Da meine Treibhausstuben an ihren
beiden Enden mit den kalten Gewächsstuben in
genauer Verbindung standen, so wurden nicht
allein die Fenster dieser kalten Stuben, so bald
sie von den Gewächsen geleert waren, sondern
auch ihre Thüren geschlossen gehalten. Dadurch erwärmten diese sogenannten Orangerie-
stuben sich ebenfalls im Sommer zu einem ziemlich

lich starken Grade. Ereignete sich nun der Fall,
daß der Reaumürische Thermometer in den
Treibstuben gar zu hoch stieg, (ich habe ihn oft
über 36 Grade über Null vorgefunden) so ließ
ich nur auf eine kurze Zeit jene Thüre öffnen,
die aus der Treibstube in die Gewächsstube ging.
Die Luft war zwar auch in diesen Gewächszim-
mern heiß, aber doch weniger, als in den Treib-
zimmern. Und in diesem, in Deutschland ganz
unbegreiflich heißen Zustande der Treibhäuser,
waren diese Pflanzen in ihrem schönsten und
feurigsten Wuchse, und belehrten mich augen-
fällig, daß sie hier eben so gut, wie in ihrem
wahren Vaterlande gedeihen; ja, da sie in den
Nachmittagsstunden ihren vaterländischen Son-
nenbrand nicht zu erdulden hatten, die Blätter
und Aeste auch von den Sturmwinden hier nicht
verrissen werden konnten, so standen sie vielleicht
in den hiesigen Treibhäusern noch mit mehrerer
Pracht da, als in ihrem eigenen Vaterlande selbst.

Ich überlasse es einem jeden unbefangenen,
unpartheiischen Prüfer, und dem es mehr um
Wahr-

Wahrheit, als um Nachahmungssucht der Engländer und Holländer zu thun ist, zu entschei-
den, ob die in dem hiesigen churfürstlichen botanischen Garten gestandenen Gewächshäuser nicht
einen entschiedenen Vorzug vor jenen haben,
wie man sie gewöhnlich in Deutschland antrift
und noch bauet. Wer sich von der Wahrheit
meines Satzes überzeugen will, mache es, wie
ich es ehemals machte, baue sich nach meiner
angegebenen Richtung und Bauart ein Modell-
treibhaus von ohngefähr zwanzig bis fünfund-
zwanzig Schuh länge, benagle die Balken
inwendig und auswendig mit Brettern, stopfe
die Zwischenräume zwischen denselben genau mit
Moos aus, stelle seine Lohhauspflanzen im Sommer da hinein, und er wird den auffallenden
Unterschied gleich finden. Ich wenigstens bin
durch langwierige Erfahrung von ihrer Güte so
überzeugt, daß die nun durch die Belagerung von
Mannheim verstörten Gewächshäuser nach er-
folgtem Frieden wieder eben so werden hergestellet
werden, und denke es abermals zu erleben, daß
sie eine seltene Sammlung von Gewächsen enthalten

halten werden, so wie sie solche bei ihrer Zer=
störung wirklich besessen haben.

Zum Schluße dieses kurzen Aufsatzes will
ich meine Leser vorzüglich noch auf einen unum=
stößlichen Grundsatz aufmerksam machen: nem=
lich das vegetabilische Leben beruht zwar auf
dem Genuße des Lichtes, aber vorzüglich auf
dem Genuße des Sonnenlichtes. Durch die
Kraft desselben werden die Gewächse ihrer schäd=
lichen, nachtheiligen, in ihnen sonst länger sich
aufhaltenden Luftarten entbunden, die Stockun=
gen, Anlage zu Krankheiten, vorzüglich zu
Schimmel u. dgl. m. erzeugen würden. Die
langen Winternächte berauben ohnehin die
Pflanzen des ihnen so wohlthätigen Lichtes, und
die so oft dunkeln Tage dieser Jahreszeiten
schwächen auch das kurze Tageslicht. Es ist
also für das Pflanzenleben und dessen Erhal=
tung ein wichtiges Bedürfniß, jeden Sonnen=
blick des Winters durch die Fenster für die
Treibhäuser aufzufangen, und ihre außerordent=
lich wohlthätige Wirkung die Pflanzen genießen
zu

zu laſſen. Dieſe gar nicht zu berechnende Vortheile für das Beſte des Pflanzenlebens auslän-
diſcher Pflanzen, die in Treib- und Gewächshäu-
ſern überwintern müſſen, geht bei der gewöhnlichen Bauart unſerer Winterhäuſer größtentheils verloren. Eine langwierige Erfahrung
aber hat mich vollkommen überzeugt, daß die
Pflanzen der hieſigen Winterhäuſer nicht allein
alles im Winter mögliche Licht, ſondern auch
jeden im Winter an dem Horizonte erſchienenen
Sonnenblickes oder Sonnenſtrahlen genoſſen
haben, folglich meine Gewächshauspflanzen keiner dieſer hohen Wohlthaten beraubt worden
ſind.

F. C. Medicus.

VII.

VII.

Beschreibung des Giftbaums
auf
der Insel Java. *)

Dieser tödtliche Baum wird in der Malayischen Sprache Bohun‑Upas genannt, und ist von Naturkundigen beschrieben worden: doch grenzen ihre Erzählungen so sehr an das Wunderbare, daß sie von einem großen Theile der Leser für

*) Diese Nachricht ist aus dem holländischen Originale des Hrn. N. P. Foertsch und in den Anmerkungen zu dem 3ten Gesange des Botanic Garden von Herrn D. Darwin befindlich. Wer von diesem vortreflichen Gedichte, das in London, in zwei Quartbänden erschienen, sich mehr zu unterrichten wünscht, lese die Recension desselben in den Götting. gel. Anzeigen, oder des Hrn. Prof. Garve Beur‑

für sinnreiche Erdichtungen gehalten werden.
Auch darf man sich darüber wenig wundern,
wenn wir die Umstände, die in folgender Be=
schreibung genau angegeben werden, in Erwä=
gung ziehen.

Ich muß gestehen, daß ich lange an der
Existenz dieses Baums gezweifelt habe, bis mich
eine

,,.theilung im 1. Stück des 69. Band. der neuen
Bibliothek der schönen Künste und Wissensch.
wo er zugleich eine Uebersetzung einiger Bruch=
stücke aus demselben von dieser Meisterhand
sindet.

Bei der letzten Brittischen Gesandschaft nach
China unter dem Lord Macartney, suchte D.
Gilban und einige andere zu jenen gehörige
Personen bei ihrer Durchreise durch Java Er=
kundigungen von diesem Upas einzuziehen.
Man gab aber die Erzählungen für fabelhaft
aus, weil man glaubte, es gereiche dem Lande
zum Schimpfe so bösartige Gewächse hervor
zu bringen. Zu Widerlegung derselbigen ist
sogar eine Schrift vorhanden, in welcher ge=
sagt wird, die holländische Regierung zu Ba=
tavia habe sich von dem Javaischen Fürsten,

eine genauere Untersuchung von meinem Irrthume überzeugt hat. — Ich will bloß die simpeln unausgeschmückten Thatsachen erzählen,— von denen ich Augenzeuge gewesen bin. Die Leser können sich auf die Treue dieser Nachricht völlig verlassen.

Im Jahre 1774. war ich in Batavia als Wundarzt im Dienste der holländisch-ostindischen Com-

in dessen Gebiete dieser furchtbare Baum stehen sollte, Auskunft darüber erbeten: der Fürst habe es aber abgeläugnet. Demungeachtet glaube man durchgängig in Batavia, daß es im Innern des Landes ein vegetabilisches Gift gebe, mit welchem die Einwohner von Java ihre Dolche bestreichen, wovon die Wunde unheilbar sei, und die Beweise und Erzählungen des Hrn. Foertsch scheinen zu überzeugend und bestimmt, als daß man sich nur könnte einfallen lassen, sie für Erdichtungen zu halten, zumal da Hr. Darwin nach seinem Untersuchungs- und Beobachtungsgeiste gewiß alles geprüft hat, was dafür und dawider gesagt worden.

Anmerk. des Ueberseßers.

Compagnie angestellt. Während meines Aufenthalts hörte ich zu verschiedenen Malen von den
Bohun-Upas und den gewaltigen Wirkungen
seines Giftes sprechen. Die Erzählungen schie-
nen mir unglaublich und reizten meine Neugier
so sehr, daß ich mir vornahm, die genaueste
Prüfung anzustellen und bloß meinen eigenen
Beobachtungen zu trauen. Diesem Ent-
schlusse zufolge begab ich mich zu dem General-
Gouverneur Hrn. Peter Albert van der Parra,
und bat ihn um einen Paß zu einer Reise
durchs Land, den ich auch erhielt, und nachdem
ich alle mögliche Nachricht eingezogen, machte
ich mich auf den Weg. Ich hatte mir eine
Empfehlung von einem alten Malayschen Priester an einen andern seines Ordens zu verschaffen gesucht, der dem unbewohnbaren Platze
des Baumes, ungefähr 15 bis 16 Meilen davon, am nächsten war: diese gereichte mir in
meiner Unternehmung zum größten Vortheile,
indem diesem Priester hier sein Aufenthalt ange-
wiesen war, um die Seelen dererjenigen zur
Ewigkeit vorzubereiten, die verschiedener Verbrechen

brechen wegen verurtheilt waren, sich dem
Baume zu nähern, um Gift davon zu verschaffen.

Der Bohun-Upas liegt in der Insel Java,
ungefähr 27 Meilen von Batavia, 14 von Soura-Charta, dem Sitze des Kaisers, und zwischen
15 und 20 von Tinkjoe, die gegenwärtige Residenz des Sultans von Java. Von allen Seiten
ist er von einem Kreise hoher Berge und Hügel umgeben, und das Land umher, in einer
Entfernung von 10 bis 12 Meilen von dem
Baume, ist ganz kahl und öde. Nicht einen
Baum, nicht eine Staude, nicht ein Pflänzchen
oder Gräschen wird man gewahr. Ich habe
diesen gefährlichen Ort ungefähr in einer Entfernung von 15 Meilen von dem Mittelpunkte
an, ganz umgangen, und den Anblick des Landes von allen Seiten gleichfürchterlich gefunden.
Die gemächlichste Anhöhe der Berge ist von der
Seite, wo der Geistliche wohnt. Von seinem
Hause werden die Verbrecher nach dem Gifte
abgeschickt, in welches die Spitzen aller Kriegs-

werk-

werkzeuge getaucht werden. Es steht in einem hohen Preise und bringt dem Kaiser viel ein.

Das Gift dieses Baumes ist ein Harz, welches zwischen der Rinde und dem Baume selbst heraustritt, wie der Kämpfer. Verbrecher, zum Tode verdammt, sind die einzigen, die das Gift holen, und auch das einzige Mittel, das ihnen übrig bleibt, ihr Leben zu retten. Wenn der Richter das Verdammungsurtheil gesprochen, werden sie vor dem Gerichte gefragt, ob sie lieber von der Hand des Henkers sterben, oder eine Büchse Gift vom Upasbaum holen wollen? Gemeiniglich ziehen sie das letztere vor, da doch einige Hoffnung ihr Leben dabei zu retten und die Gewißheit damit verbunden ist, daß, wenn sie unverletzt zurück kommen, für sie in Zukunft gesorgt wird. Es steht ihnen auch frei, sich vom Kaiser eine Gnade zu erbitten, die meistens von sehr geringer Bedeutung ist und nicht leicht abgeschlagen wird. Man giebt ihnen zu Einsammlung des giftigen Harzes eine silberne oder schildkrötene Büchse, und den nöthigen

thigen Unterricht mit, wie sie sich bei diesem
gefährlichen Auftrage zu verhalten haben. Un=
ter andern Umständen werden sie belehret, auf
die Richtung der Winde ja wohl zu merken,
und auf den Baum so zuzugehen, daß der Wind
vor ihnen ist und die Ausströmung desselbigen
von ihnen weggetrieben wird. Ferner mit der
größten Eilfertigkeit zu reisen; als das einzige
Mittel sich eine sichere Rückkehr zu verschaffen.
Hierauf werden sie zu dem alten Priester ge=
schickt, wo sie gemeiniglich von ihren Freunden
und Verwandten erwartet werden. Hier blei=
ben sie gewöhnlich einige Tage, in Erwartung
eines günstigen Windes. Während dieser Zeit
bereitet sie der Geistliche durch Gebet und Er=
mahnung auf ihr künftiges Schicksal vor.

Wenn die Stunde ihrer Abreise da ist, so
legt ihnen der Priester eine lange Lederkappe mit
ein Paar Gläsern vor den Augen, an, welche
ihnen bis auf die Brust reicht: und so versieht
er sie auch mit ein Paar ledernen Handschuhen.
Hierauf werden sie von dem Priester, in Be=
gleitung

gleitung ihrer Freunde, Verwandten zwei Mei=
len weit auf ihren Weg geführet. Der Priester
wiederholt seinen Unterricht und sagt ihnen, wo
sie nach dem Baume hinzusehen haben, zeigt
ihnen einen Hügel, den sie übersteigen müssen,
und wo sie von der andern Seite ein Flüßchen
finden, dem sie nur nachgehen dürfen und das
sie gerade nach Upas führet. Nun nehmen sie
Abschied und die armen Sünder eilen unter gu=
ten Wünschen fort.

Der würdge alte Geistliche versicherte mich,
daß er während seines fast dreißigjährigen Auf=
enthalts über 700 Verbrecher auf die beschrie=
bene Art fortgeschickt, und daß von ihnen kaum
zwei von Zwanzigen zurückgekehret wären. Er
legte mir ein Verzeichniß von den unglücklichen
Duldern, nebst der Anzeige von Tag und Jahre
ihrer Abreise, die Verbrechen, warum sie ver=
urtheilt worden, und die Namen derer vor, die
glücklich wieder gekommen. Ich sah nachge=
hends noch ein anderes Verzeichniß von diesen
Missethätern bei dem Kerkermeister zu Soura=
Charta,

Charta, und fänd, daß sie vollkommen mit
einander übereinstimmten, so wie alle die verschiedenen Nachrichten, die ich in der Folge
darüber einzog.

Ich war bei einigen dieser traurigen Cere-
monien zugegen, und bat verschiedene Verbrecher, einige Stückchen Holz, oder ein Zweigel-
chen, oder nur ein Paar Blätter von diesem
Wunderbaume mit zu bringen. – Ich gab ihnen
auch seidne Schnuren mit, seine Stärke zu mes-
sen. Doch konnte ich nicht mehr, als zwei dürre
Blätter erhalten, die einer von ihnen bei seiner
Rückkehr aufgelesen hatte: und also was ich in
Absicht auf den Baum selbst erfahren konnte,
war, daß er am Rande eines Flüßchens stünde,
wie es mir der alte Priester beschrieben hatte;
daß er von mittler Größe sei, und fünf bis sechs
junge Bäume von derselbigen Art dicht dabei
stünden; sonst aber kein Strauch, keine Pflanze
in der Nähe zu sehen sei; daß der Boden ein
bräunlicher Sand sei, voller Steine, zum Be-
rasen ganz unbrauchbar, und mit Todtengerip-

O   pen

pen bedeckt. Nach mancherlei Unterredungen
mit dem Maloyschen Priester, fragte ich ihn
über die erste Entdeckung dieses gefährlichen
Baumes, und bat mir seine Meinung darüber
aus, worauf er mir folgendes zur Antwort gab:

„Es wird uns in unserm neuern Alcoran
„erzählt, daß das Land um den Baum her,
„sehr den Sünden von Sodom und Gomora
„ergeben waren: daß der große Prophet Maho-
„med daher beschloß, nicht länger ein so gottlo-
„ses Leben zu dulden und Gott bat sie zu stra-
„fen: daß Gott daher diesen Baum aus der
„Erde wachsen ließ, welcher sie Alle vertilgte
„und die Erde umher unbewohnbar machte."

Ich brauche hierüber keinen Commentar
zu machen: bemerke aber nur so viel, daß alle
Maluyer diesen Baum als ein heiliges Werk-
zeug des Propheten ansehen, die Sünden der
Menschen zu bestrafen; und daß daher die Ver-
giftung von dem Upas für eine ehrenvolle Todes-
strafe gehalten wird. Ich bemerkte auch, daß
die

die Missethäter, die nach dem Baume giengen, aufs beste gekleidet waren.

So viel' ist indessen gewiß, so unglaublich es auch scheint, daß 18 bis 20 Meilen, rund umher, nicht nur keine menschliche Creatur existiren kann, sondern auch kein lebendiges Thier von irgend einer Art jemals daselbst entdeckt worden ist. Auch haben mich verschiedene sehr werthe Personen versichert, daß man nie weder einen Fisch im Wasser, noch eine Ratte, Maus oder andere Gewürme hier jemals gesehen habe, und daß wann Vögel diesem Baume so nahe kommen, daß sie seine Ausdünstung erreichten, sie das Opfer des Gifts werden. Diesen Umstand haben auch verschiedene Verbrecher bestätiget, die bei ihrer Rückkehr die Vögel haben herabfallen sehen, sie aufgehoben und dem alten Priester überbracht haben.

Ich will hier einen Beweis anführen, der die Sache außer allen Zweifel setzt, und sich während meines Aufenthalts in Java zutrug.

Im

Im Jahre 1775 brach ein Aufruhr unter
den Unterthanen des Maſſay, eines regierenden
Fürſten aus, deſſen Anſehen beinahe des Kaiſers
ſeinem gleich kömmt. Sie weigerten ſich einen,
ihnen auferlegten Tribut, zu bezahlen, und wi‐
derſetzten ſich öffentlich. Der Maſſay ſchickte
ein Heer von tauſend Mann, die Rebellen zu
zerſtreuen, und ſie nebſt 400 Familien aus ſei‐
nem Gebiete zu vertreiben. Dieſe, die aus
mehr als 1600 Seelen beſtanden, mußten alſo
ihr Vaterland räumen. Weder der Kaiſer noch
der Sultan nahm ſie in Schutz, nicht ſowohl,
weil ſie Aufrührer waren, ſondern aus Furcht,
ihrem Nachbar, dem Maſſay zu mißfallen. In
dieſer traurigen Lage blieb ihnen nichts übrig,
als ſich in die unbebaute Gegend um Upas zu
ziehen, und ſie baten daher den Kaiſer um Er‐
laubniß hierzu. Er gab ſie ihnen, aber unter
keiner andern Bedingung, als daß ſie ihre
Wohnung nur 12 bis 14 Meilen weit von dem
Baume aufſchlagen ſollten, damit ſie nicht die
dorten bereits anſäſſigen Bewohner ihrer ſchon
bearbeiteten Länder berauben möchten: die Folge
war,

war, daß in weniger als zwei Monaten nicht
mehr, als ungefähr 300 übrig waren. Die An-
führer derselben kehrten zum Maſſay zurück,
zeigten ihm ihren Verluſt an, und baten ihm
um Vergebung. Er ließ ihnen dieselbe ange-
deihen, nahm sie wieder an, und hielt sie ihres
Mißverhaltens wegen schon bestraft genug. Ich
habe verschiedene von ihnen bald nach ihrer
Rückkehr gesehen und gesprochen. Sie hatten
alle den Anschein von Personen, die von einer
Seuche angesteckt waren, und nach der Beschreibung, die sie von dem Verluſte ihrer Gefährten
und von den Symptomen und Umſtänden machten, die ihre Auflösung begleiteten, dergleichen
Convulſionen und andern Zeichen eines gewalt-
ſamen Todes sind, war ich vollkommen überzeugt, daß sie Opfer des Gifts waren.

Diese gewaltige Wirkung deſſelbigen in einer so großen Entfernung scheint gewiß erstaun-
lich und beinahe unglaublich zu ſeyn, zumal,
wenn man die Möglichkeit überlegt, daß solche
unglückliche Menschen, die sich dem Baume ge-
nähert

nährt haben, lebendig zurückgekommen sind.
Meine Verwunderung hörte übrigens auf, als
ich folgende Umstände überlegte.

Ich sagte vorher, die Missethäter wurden
belehret, auf den Baum mit dem Winde los zu
gehen und gegen den Wind zurückzukehren.
Bläst der Wind nun immer aus der Gegend,
während daß der Verbrecher 30 oder 36 Meilen
reißt, und bat dabei einen festen Körper, so über-
lebt er gewiß. Das fürchterlichste aber hierbei
ist, daß man in diesem Welttheile nie für eine
geraume Zeit auf den Wind rechnen kann. —
Es giebt hier keine regelmäßigen Landwinde, und
der Seewind wird hier gar nicht empfunden, da
der Baum in einer zu großen Entfernung steht,
und von hohen Bergen und unausgehauenen
Wäldern umgeben ist. Ueberdieß bläst der
Wind hier nie eine frische regelmäßige Luft, sondern ist mehrentheils ein Strom von leichten,
sanften Lüften, die durch die verschiedenen Oeffnungen der daran stoßenden Berge ziehen.
Eben so schwer ist es zu bestimmen, von welchem

chem Theile der Wind wirklich kömmt, da er in
seinem Laufe, durch die entgegenstehenden mannichfaltigen Hindernisse aufgehalten, seine Richtung leicht verändert und mithin seine ganze
Kraft oft verloren geht.

Ich schreibe daher die entfernte Wirkung
des Giftes größtentheils den beständig lauen
Winden in diesen Gegenden zu, die keine Kraft
haben, die giftigen Theilchen zu zerstreuen.
Wären hohe Winde häufiger und anhaltend, so
würden sie die schädlichsten Ausflüsse des Giftes
nicht nur sehr schwächen, sondern selbst vertil-
gen: doch ohne diese bleibt die Luft davon angesteckt und geschwängert.

Ich bin davon um so viel mehr überzeugt,
da mich der würdige Geistliche versicherte, daß
eine Todtenstille immer mit der größten Gefahr
verbunden sei, indem eine beständige Dunst von
dem Baume ausgeht, die man in der Luft sich
erheben und verbreiten sieht, wie der faule Bro-
dem aus einer morastigen Höhle.

Von

Von den schrecklichen Wirkungen des Harzes von dem Upasbaume sah ich folgende Proben.

Im Jahre 1776, im Monat Februar, wohn-
te ich der Hinrichtung von dreizehn kaiserlichen
Beischläferinnen zu Soura-Charta bei, die man
der Untreue beschuldigte.   Die schönen unglücklichen Mädchen wurden Mittags um 11 Uhr
auf einen freien Platz einer der Mauern des kaiserlichen Palasts heraus geführt.   Der Richter
sprach das Urtheil über sie, nach welchen sie verdammt wurden, durch eine Lanzette mit Upas
vergiftet zu sterben.   Hierauf ward ihnen der
Alcoran vorgelegt, und sie mußten nach dem
Gesetze des großen Propheten Mahomeds, ihre
Verschuldung gestehen und mit einem Eide be-
kräftigen, daß das Verbrechen, dessen man sie
beschuldiget, wahr, und das Urtheil mit ihrer
Bestrafung gerecht und billig sei.   Dieß thaten
sie, indem sie die rechte Hand auf den Alcoran,
die linke auf ihre Brust legten und ihre Augen gen
Himmel erhoben: der Richter hielt ihnen hierauf
den Alcoran an ihre Lippen und sie küßten ihn.

Der

Der Henker trat nun sein Geschäft folgen-
dermaaßen an. Es waren 13 Pfosten, jede ungefähr 5 Fuß hoch, errichtet; an diese wurden sie
gebunden und ihre Brüste entblößet. Hier ver-
weilten sie eine kurze Zeit unter beständigem
Gebet, von einigen Priestern unterstützt, bis der
Richter dem Henker ein Zeichen gab, auf welches der letzte einen Schnepper vorzog, wie die
Schmiede beim Aderlaß der Pferde brauchen.
Mit diesem Instrumente, das mit dem Gifte
von Upas bestrichen war, schlug er sie in der
Mitte ihrer Brüste, und dieß ward an allen in
weniger denn zwei Minuten vollzogen.

Mein Erstaunen stieg aufs höchste, als ich die
plötzliche Wirkung dieses Giftes erblickte; denn
binnen fünf Minuten nach diesem Lanzetten-
schlag ergriff sie ein gewaltiges Zittern und
Zucken, worauf sie unter den heftigsten Schmer-
zen und lautem Geschrei zu Gott und Maho-
med um Erbarmen ihren Geist aufgaben. In
16 Minuten nach meiner Uhr, die ich in meiner
Hand hielt, war Alles vorbei. Einige Stun-

den

den nach ihrem Tode bemerkte ich ihre Körper voll blau gelber Flecke, wie bei einem Fleckfieber, ihre Gesichter verschwollen, ihre Farbe bläulicht, ihre Augen gelb ꝛc.

Vierzehn Tage nachher, sah ich eine gleiche Hinrichtung zu Samarang, wo sieben Malayen mit denselben Instrumenten und auf dieselbe Art hingerichtet wurden. Ich fand die Wirkung des Giftes und die Flecken gerade so, wie vorhin.

Diese Umstände machten mich begierig, einen Versuch an Thieren zu machen, um mich von den wahren Wirkungen des Giftes zu überzeugen, und da ich gerade zwei junge Hunde hatte, wählte ich sie zu diesem Zwecke. Mit vieler Mühe verschaffte ich mir einige Gran Upas. Ich löste einen halben Gran von diesem Gummi in ein wenig Arrack auf, und tauchte eine Lanzette hinein. Mit diesem vergifteten Instrumente, machte ich eine Incision in den untern muscularen Theil des Bauchs bei dem einen.

einen. Drei Minuten darauf fing das Thier
erbärmlich an zu schreien und lief so schnell als
möglich aus einem Winkel in den andern. Dieß
dauerte ungefähr sechs Minuten, und als seine
Kräfte völlig erschöpft waren, fiel es zu Boden,
bekam Zuckungen und starb mit der eilften Mi-
nute. Ich versuchte es noch mit zwei andern
Thieren, einer Katze und einem Vogel, und
fand dasselbe: keines von ihnen überlebte dreizehn Minuten. —

Ich wollte nun auch die Wirkung dieses
Giftes innerlich versuchen, welches ich auf folgende Art that. Ich lösete ein Viertel von
einem Gran in einer halben Unze Arrack auf
und gab sie einem Hunde, sieben Monat alt, zu
trinken. Nach sieben Minuten fing er sich an
zu renken und zu dehnen und ich merkte, daß
er toll war: denn er lief das Zimmer auf und
nieder, fiel und überpurzelte. Ich, stand wieder
auf, schrie laut, bekam nach einer halben Stunde Convulsionen und starb. Ich öffnete den
Körper und fand den Magen, so wie die Einge-
weide

weibe an manchen Orten sehr entzündet, doch
diese nicht so sehr, als jenen: auch fand ich
darinnen ein wenig geronnen Blut, doch kennte
ich nicht die Oeffnung entdecken, woraus es ge=
flossen: ich vermuthete also, daß es das Thier
durch die Anstrengung beim Erbrechen aus der
Lunge gepreßt habe.

Nach diesen Erfahrungen bin ich vollkom=
men überzeugt, daß dieß Gummi von Upas das
gefährlichste unter allen Pflanzengiften sei, und
zweifle nicht, daß es zur Ungesundheit dieser In=
sel viel beitragen mag. Es ist dieses nicht das
einzige Uebel die Folge davon. Ueber hundert
eingeborne von Java sowohl als Europäer, kom=
men jährlich durch dieses Gift um und werden
von außen und innen ermordet. Jeder Mann
vom Stande, oder der etwas vorstellen will, hat
seinen Dolch und andere Waffen damit vergiftet;
und in Kriegszeiten vergiften die Malayen die
Brunnen und andere Wasser damit; und durch
dieß verrätherische Mittel haben die Holländer
im letzten Kriege unendlich viel gelitten, und
die

die Hälfte ihrer Truppen verloren. Daher haben sie seit der Zeit immer Fische in das Wasser geworfen, woraus sie trinken, und Wachen daneben gesetzt, die jede Stunde nachsehen müssen, ob die Fische noch leben. Auf einem Marsche in ein feindliches Land führen sie auch immer lebendige Fische zu diesem Versuche mit sich: das einzige Mittel, einer gänzlichen Niederlage zuvor zu kommen.

Wenn man fragt, warum wir noch keine hinlängliche Nachricht von diesem Baume haben, so dient zur Antwort, daß die Absicht der meisten Reisenden in diesem Theile der Welt mehr auf Handelsgeschäfte, als auf wissenschaftliche Kenntnisse und Naturgeschichte gehen. Uebrigens wird Java für eine so ungesunde Insel gehalten, daß reiche Leute selten daselbst lange verweilen; und andern fehlt es an Geld und Sprachkenntniß, um große Untersuchungen anzustellen.

Künftig werden vielleicht Reisende es zu einem

einem weitern Gegenstande ihrer Untersuchungen machen und uns eine vollständigere Beschreibung dieses Baumes geben. Ich will nur noch hinzusetzen, daß es noch eine andere Art von Bahun=Upas an der Küste von Macasser giebt, der beinahe auf dieselbige Art wirkt, doch nicht halb so gewaltsam und tödlich als der von Java ist. —

Herr D. Darwin fügt noch eine zweite Beschreibung dieses Boa-Upas, oder Gift=baums von Macasser, aus einer Inaugural Disputation von Christian Aejmeldus, unter dem Prof. Thunberg zu Upsal bei, die ich hier ebenfalls mittheilen will, wenn sie schon beinahe das nehmliche enthält.

Der Verfasser spricht erst von den Giften überhaupt, die die drei Naturreiche, das mineralische, das animalische und das vegetabilische enthalten. Bei dem ersten gedenket er der Ar= senkal= Merkurial= und antimonialischen; zu

den

den zweiten rechnet er die von den verschiedenen
Schlangen, Fischen und Insecten, und zu den
letzten den Curara an den Ufern des Oronoko,
und des Woorara an den Küsten der Amazonen,
und viele andere. Für das stärkste aber hält
er das von dem Boa Upas, einem Baume, der
bisher noch nicht beschrieben worden, und in
verschiedenen wärmern Gegenden von Indien,
hauptsächlich auf den Inseln Java, Sumatra,
Bornao, Bali, Macasser und Calebes wächst.

Rumphius bezeuget in Ansehung dieses indi-
schen Giftes, daß es den Holländern schrecklicher,
als irgend ein ander kriegerisches Mittel war.
Der Baum heißt bei ihm Arbor toxicaria,
und giebt zwei Gattungen davon an, einen
männlichen und weiblichen, und beschreibt den
Baum als sehr dick, mit ausgespreizten Aesten,
mit einer großen schwarzen Rinde bekleidet.
Das Holz, setzt er hinzu, ist sehr fest, von einer
blaßgelben Farbe, schwarz gefleckt: die Art seiner Befruchtung sei aber noch unbekannt.

Professor

Professor Thunberg hielt den Boa Upas für
ein Cestrum, oder einen Baum von derselben
Naturfamilie: und beschreibt ein Cestrum vom
Vorgebirge der guten Hoffnung, dessen Saft die
Hottentotten mit dem Gifte einer gewissen
Schlange vermischen, welches beide verstärken
soll.

Den Boa Upas erkennt man gleich von
weiten, indem er allezeit ganz allein steht, und
der Boden ganz nackt und wie abgebrannt ist.
Der getrocknete Saft ist schwarzbraun und wird,
wie andere Harze, durch die Wärme flüssig.

Es wird mit der allergrößten Vorsicht ein-
gesammelt, und die Person wickelt ihr Haupt,
ihre Hände und Füße sehr sorgfältig in Leine-
wand, damit der ganze Körper von der Ausdünstung oder den Tropfen, die von dem Baume
fallen könnten, geschützt seyn möchte. Niemand
darf sich ihm zur Sammlung des Saftes nähern: sie helfen sich also durch Bambusröhre,
die wie ein Pfeil zugespitzt werden, den sie mit
großer

großer Gewalt in den Stamm schief hinein stoßen.
Der herausquellende Saft füllt nach und nach
das obere Gelenke, und je näher die Wunde der
Wurzel kömmt, desto stärker soll das Gift seyn.
Bisweilen läßt man auf zwanzig Ruthen drei
bis vier Tage aufwärts in dem Baume stecken,
damit der Saft in der Hohlung sich sammeln
und sich verhärten möge: das obere Gelenke
wird dann von dem zurückbleibenden Theile ab-
geschnitten: der zusammengebackne Saft bildet
sich in Küchelchen oder Stiftchen, wird in hoh-
len Röhren aufbehalten, sorgfältig verwahrt
und in zehnfaches Leinen eingewickelt. Jede
Woche wird es einmal herausgenommen, damit es
nicht modricht werde, welches ihn verderbt. Die
Ausdünstung scheint sehr flüchtig zu seyn: denn
in Zeit von einem Jahre verliert es viel von
seiner Kraft, und in wenigen Jahren seine ganze Wirkung.

Der Duft des Baums bringt Betäubung
und Zuckungen in Gliedern hervor, und wer
in bloßem Haupte darunter steht, verliert sein

P   Haar,

Haar, und fällt ein Tropfen auf ihn, so erfolgt
eine heftige Entzündung. Vögel, die eine kurze
Zeit auf dem Baume sitzen, fallen todt herab,
und können selbst mit Noth darüber fliegen:
nicht ein Gräschen wächst darunter und einen
Steinwurf umher ist alles kahl und öde.

Derjenige, der mit einem von diesem Safte
vergifteten Pfeile getroffen wird, fühlet sogleich
eine sehr große Hitze über den ganzen Körper, mit
einem heftigen Schwindel, worauf bald der Tod
erfolgt. Eine Person, von dem Gifte aus Java
verwundet, bekam in fünf Minuten Zittern an
allen Gliedern und Nervenzucken, und starb in
weniger denn 16 Minuten, unter Aeußerung
einer großen Angst. In wenig Stunden war
der Leichnam mit Brandflecken bedeckt, das Ge-
sicht war aufgeschwollen und bleifarben, und
das Weiße vom Auge gelb.

Die Einwohner prüfen die Stärke ihres
Gifts auf eine besondere Art. Sie nehmen
etwas von dem ausgedrückten Safte der Wurzel

Amo-

Amomum Zerumbet, mischen es mit ein wenig
Wasser; und ein Krumen von dem giftigen Harze oder Safte wird hineingetropft: sogleich er-
folget ein Aufbrausen, und aus dessen Heftigkeit
schließen sie auf die Stärke des Giftes. —
Welche Luft kann wohl aus dieser Gährung ent-
wickelt werden? — Der Versuch soll auch für
den Unternehmer gefährlich seyn.

Dieses Gift wird auch bei Capitälverbre-
chen als Strafe zu Macasser und in andern Inseln gebraucht. Bei diesen Fällen sind auch
einige Versuche gemacht worden; und da man
bloß einen Finger mit einem Pfeile verwundet,
rettete doch das unmittelbare Abschneiden desselben den Unglücklichen nicht vom Tode.

Das Gift aus dem Baume, welchen man
den weiblichen benennt, ist weniger schädlich,
als das andere; es ist hauptsächlich bei der Jagd
gebraucht worden, und man soll ohne Gefahr
das Fleisch der dadurch getödteten Thiere essen
können. Der Giftsaft soll sogar ein Mittel
gegen

gegen andre Gifte seyn, und selbst zu dieser Ab=
sicht innerlich können gebraucht werden, Schmer=
zen lindern und den Gift giftiger Insecten, bes=
ser, als irgend ein ander Mittel, herausziehen.

Der Verfasser schließt damit, daß die Er=
zählungen von den Mahomedanischen Priestern
könnten übertrieben seyn, indem sie den Anhän=
gern ihrer Religion predigten, der Prophet habe
diesen Baum zur Bestrafung der sündigen Men=
schen gepflanzt.

Schließlich will ich nun noch Darwins
fürchterlich schöne Schilderung aus seinem bota=
nischen Garten hersetzen.

„Da, wo spiegelhelle Seen im fröhlichen
Wiederschein lächeln, rings um die Küsten von
Java's Palmreicher Insel, breitet eine weite
Ebene ihre hochländische Scene aus. Felsen auf
Felsen erheben sich und Quellen sprudeln da=
zwischen; sanfte Zephyre wehen, es herrscht ein
ewiger Sommer, und fruchtbare Regenschauer
segnen den Boden — ach! umsonst! — Keine
gewürzhafte Muscate durchräuchert die lauen
Früh=

Frühlingslüfte; kein aufsteigender Platanus beschattet die mittägigen Thäler; kein grasrei-
cher Mantel umhüllt die schwarzen Berge; kein
Blumenkranz schmückt die rieselnden Bäche;
kein dichtes Moos, keine lederartige Lichnis
kreucht in röthlicher Stickerei über die gekräm-
pelten Steppen. — Kein wiederkehrender Tritt,
dem Sande eingedrückt, ladet den Besuch eines
zweiten Gastes ein; keine zurückschwimmende
Flöße theilet den unbevölkerten Strom; keine
rückfliegende Schwinge durchschneidet die lusti-
gen Fluten; keine behändeten Maulwürfe, keine beschnäbelten Würmer, die einen ungang-
baren Weg minirend sich bahnen, kehren zurück. — Schrecklich in furchtbarem Schwei-
gen steht der gräßliche Upas, der Hyderbaum
des Todes. Sieh! aus einer Wurzel — der
vergiftete Boden darunter — wachsen tausend
vegetative Schlangen. In lichten Strahlen
spreizt das schuppichte Ungeheuer über zehn Qua-
dratmeilen seine weit von einander gestreckten
Köpfe; oder wickelt seine in einander geflochtene
Form in einen Stamm, überschauet die Wol-
ken

ken und zischet im Sturm. So, wie sein
scharfes Gebiß, getaucht ins schrecklichste Gift,
sich aufthut, schießen tausend Zungen in schnel-
ler Bewegung hervor, reißen den stolzen Adler,
der über der Heide schwebt, herab, oder packen
den Löwen, indem er darunter einherschreitet:
oder bestreut, da schlachtgeordnete Heere vergebens kämpften, die bewaißete Ebene mit
Menschengerippen. — An seiner Wurzel wohnen zwei Schößlingsdämonen,*) hauchen das
schwache Gezisch oder versuchen den schärfern
Schrei; erheben sich und richten, flatternd in
der Luft auf kahlen Schwingen, ihre kleinen
Stacheln auf Insectenmord. So reißen die
starken Arme der Zeit mit schweifender Sense der
Künste belastende Werke von ihrer Grundfeste
weg, indeß daß jede junge Hore ihre feinere Si-
chel braucht, und die süßen Knospen häuslicher
Freuden abpflückt.

*) Nach der beigebrachten Nachricht wachsen
zwei junge Bäume dieser Art in seiner Nähe.

VIII.

VIII.

Botanische Beobachtungen.

Cornus albida. Willdenow. Ehrhart.
ist mit Cornus sericea. Mönch. einerlei
Pflanze. Dieser Strauch ist von Corn. paniculata nicht allein durch seine gedrängten
Afterdolden, sondern auch durch die vier
blaßgelben Honigbehalter, welche den Frücht=
knoten umgeben, und welche der Herr D. und
Professor Mönch ebenfalls wahrgenommen
hat; ferner durch seine runde Frucht mit
einer runden Nuß, so sehr verschieden, daß
er für eine eigene Art angesehen werden muß.

Cornus paniculata. L'Heritier. Aiton.
hat breitere und dickere Blätter, mit einer
langen Spitze, welche oben blaßgrün, unten
aber weißlich sind. Dieser fünf bis sechs
Fuß

Fuß hohe Strauch blühet zwar ebenfalls im
Junius an den Spitzen der Zweige, aber
seine größeren Dolden haben eine lockere,
rispenformige Gestalt, und in den weißen
Blumen mangeln die Honigbehälter, welche
an vorstehender Art gefunden werden. Sowohl seine rundliche weiße Frucht, als die
Nuß derselben, ist flach gedrückt.

Cornus stricta. L'Herit. Aiton. Dieser sechs Fuß hohe Strauch blühet im Junius,
und zwar nach des Herrn D. und Professor
Willdenows Bemerkung, bei mir ebenfalls
nur an den Spitzen der Seitenzweige. Die
Frucht ist blau und rund.

Cornus alternifolia, Lin, Suppl. pl.
p. 125. Dieser Hartriegel ist einer der
schönsten. Er wächst zu einem geraden, hohen Baum heran, wenn er in Ordnung gehalten wird. Seine Blätter sind groß,
eirund, oben glänzendgrün, unten weißlich,
und haben Stiele bis fünf Zoll lang. Allhier

Hier blühet derselbe alle Jahre im Mai, und manchmal noch zeitiger als Corn. sericea. Aiton's Anzeige, daß er in London so spät und erst im September blühe, ist gewiß ganz falsch, wie überhaupt noch mehrere Bestimmungen von ihm nicht richtig sind. Die Frucht ist rund und dunkelblau. Das Fleisch derselben hat einen starken aromatischen Geruch, welcher vermuthen läßt, daß diese Früchte Arzneikräfte besitzen müssen. Hierzu kann man ein mehrers in Willdenows Berliner Baumzucht nachlesen.

Lonicera caerulea, pedunculis bifloris, baccis coadunato-globosis, stylis indivisis. L. ist nebst den übrigen Heckenkirschenarten, welche von vielen Pflanzensammlern noch jetzt mit einander verwechselt werden, in der so vortrefflichen Willdenowschen Berlinischen Baumzucht zwar überaus deutlich, schön und richtig beschrieben, auch die Lonicera Symphoricarpos und die L. Diervilla mit beifallswürdigen Anmerkungen begleitet worden.

dem. Aber, daß die Lon. caerulea wegen
der Linneischen unrichtigen, specifischen Be=
stimmung ebenfalls eine Anmerkung verdient
hätte, ist gewiß. Der Ritter Linné giebt
in seinen Spec plantar. p. 249. von dieser
Pflanze, in einer darunter stehenden An=
merkung, auch folgende Kennzeichen an:

Germen unicum, absque visibili peri-
anthe, cum Corollis duabus,

Dieses Kennzeichen ist ganz richtig. Aber
sein specifisches Unterscheidungszeichen in den
Worten:

Baccis coadunato - globosis,

ist ein Widerspruch und falsch, denn ein je=
der Blumenstiel, hat nur einen Fruchtkno=
ten, auf diesen sitzen zwei Blumenkronen
fest auf, und aus dem Fruchtknoten entstehet
allezeit nur eine Beere, keinesweges
zwei zusammengewachsene Beere. Hiernach
muß nun allerdings der Linn. specifische Cha=
rakter geändert und in Richtigkeit gebracht
werden. Schon hat ehemals Royen diese
Pflanze

Pflanze mit den Worten: Lonicera pedunculis bifloris bilabiatis, bacca singulari glo-
bosa integerrima, einigermaaßen richtiger
bestimmt, als der Ritter Linné.

Diese Pflanze, die immer noch eben so
selten ist, als Lon. nigra, hat deswegen,
weil zwei schöne blaßgelbe regulaire Blumenkronen dicht neben einander auf Einem
Fruchtknoten sitzen, und wodurch sie von allen Arten dieser Gattung abweicht, ein
merkwürdiges Ansehen.

Spiraea laevigata, Lin. ist eine ganz
getrennte Pflanze. Ich finde an meinen
Sträuchern, ein Jahr wie das andere, bloß
männliche Blumen mit 25 bis 30 Staubfäden, und es scheint, daß Linné, nach seiner in der Mantissa plant. p. 244. enthal-
tenen Beschreibung ein dergleichen getrenn-
tes Exemplar vor Augen gehabt habe, weil
er in solcher nur in Ansehung der Staubfäden Erwähnung thut, in Ansehung der
Frucht-

Fruchtknoten samt ihren Griffeln aber still
schweigt. Hingegen haben Pallas und Will=
denow an dieser Pflanze bloß Zwitterblu=
men wahrgenommen. Ersterer beschreibt
den Fructificationscharakter sehr schön, und
in so weit derselbe an meinen Sträuchern
gesehen werden kann, vollkommen richtig.
Diese Spierstaude ist nicht nur die aller=
schönste Pflanze in dieser Gattung, sondern
sie ist es auch unter vielen andern strauch=
artigen Gewächsen. Ihr Hauptstamm er=
reicht über der Erde eine Stärke von 2½ Zoll
im Durchmesser. Die blaugrünen Blätter
sind ganz glatt, die größten über 6 Zoll
lang und 1½ Zoll breit. Unter allen Arten
dieser Gattung blühet sie nebst Spir. sorbi-
folia zuerst und sehr zeitig. Schon im Fe=
bruar und März kommen die Blumentrau=
ben zum Vorschein, welche sodann nach und
nach im April und Mai eine ansehnliche Höhe
und Breite erlangen, und mit ihren sehr
vielen weißen Blumen das Auge ergetzen.

S p i r e a

Spiraea alba. Du Roi- Mönch. Ehrhart. ift die Sp. crenata. Pallas. Sie ift eine eigene Art, und keine Abänderung von der Sp. salicifolia, wofür folche der Herr D. und Prof. Willdenow anfiehet. Vielleicht hat derfelbe eine ganz andere Pflanze mit weißen Blumen, und zwar eine wirkliche Varietät von S. salicifolia, welche der Herr D. und Profeffor Mönch befonders anzeigt, und ich ebenfalls befiße, vor fich gehabt. Die richtige Sp. alba, welche an vielen Orten immer noch irrig als Sp. crenata verkauft wird, weicht in feiner ganzen Geftalt von Sp. salicifolia ab.

Spiraea chamaedrifolia. Lin. Jacquin. Amman. Du Roi, ift die Spiraea betu- laefolia. Pallas, und die Sp. ulmifolia. Willdenow. zuverfichtlich. Irriger Weife wird unter diefem Namen immer noch eine Sp. salicifolia major verkauft, die zwar wohl eine eigene Art ausmacht, nur aber nicht die Sp. chamaedrifolia Lin. vorftellt.

Spiraea

Spiraea crenata. Linn. Amman. ist
die Spir. chamaedrifolia. Pallas. Willdenow. zuverſichtlich. Dieſe Spierſtaude,
nebſt den vorherigen, ſind weniger bekannt,
und ſelten in richtigen Pflanzen zu erlangen.
Daher entſtehet denn eben die Verwech=
ſelung.

Die Blätter an der ächten Sp. crenata
ſind allezeit nur an der Spitze gekerbt oder
geſägt, und niemals an ihren Seiten; hin=
gegen ſind ſolche an der Sp. chamaedrifolia
auf beiden Seiten bis zur Spitze doppelt
geſägt oder gezähnt, und mit tiefen Ein=
ſchnitten verſehen.

Die ſpaniſche Sp. crenata, der man den
erſten Rang nach der Sp laevigata zugeſte=
hen muß, iſt viel ſchöner als die ſiberiſche
Art, denn erſtere hat breitere, keilförmige
Blätter, welche an der Spitze tief einge=
ſchnitten und auf der Oberfläche glänzend=
grün, und gar nicht behaart ſind. Sie
blühet

blühet auch schöner, jedoch später, und ist in harten Wintern etwas ekel. Mir scheint solche eine verschiedene Art zu seyn.

Lycium europaeum, foliis obliquis, ramulis flexuosis teretibus. Lin. Mant. pl. 47. Lycium foliis cuneiformibus. Vir. Cliff. 14. wird nicht selten mit Lyc. barbarum verwechselt. Lycium europaeum, der europäische spätblühende Bocksdorn genannt, wächst bei mir im freien Lande nur sechs bis sieben Fuß hoch. Seine alten krummen Stämme sind viel schwächer, seine Dornen kürzer und dünner, seine dunkelgrünen Blätter keilförmig = eirund, und stehen meistentheils büschelweise von unterschiedener Größe beisammen. Der Kelch hat fünf Einschnitte, und die purpurrothe Blumenkrone fünf und sechs Einschnitte. Staubfäden erscheinen zu fünf und sechsen genau nach der Zahl der Einschnitte, welche die Blumenkrone hat. Der Griffel ist von gleicher Länge mit den Staubfäden. Die rothe Beere hat eine eirunde

runde Figur. Dieſer ſchwache niederhan=
gende Strauch, welcher gar nicht um ſich
wuchert, blühet im Julius und Auguſt, und
ſeine Früchte werden hier alle Jahre reif.
Er iſt nur in ſehr harten Wintern etwas
zärtlich, hingegen behält derſelbe in gemäßig=
ten Wintern, mehrere Jahre fort, ſeine
Blätter, und iſt daher eine immergrüne
Pflanze.

Lycium barbarum, foliis lanceolatis, ca-
lycibus subbifidis. Lin. Syst. Veget. Ed.
XIV. p. 228. Lycium halimifolium, foliis lanceolatis acutis. Miller. Lyc. vulgare, stylis longitudine staminum. Aiton.
Gemeiner zeitig blühender Bocksdorn ge=
nannt, erreicht eine Höhe von zehn bis zwölf
Fuß. Seine alten Stämme, welche ſechs
Mal ſtärker ſind, als die an vorheriger Art,
ſtehen aufrecht, und haben nur oben über=
hängende Aeſte. Seine Dornen ſind länger
und ſteifer. Seine lanzetförmigen, an bei=
den Enden zugeſpitzten Blätter, ſtehen wech-
ſelweiſe

lo schweiß. Die violetten Blumen, erscheinen
vom May bis October. Die Blumenkrone
hat fünf Einschnitte, selten sechse; und wenn
letztere vorhanden sind, so siehet man auch
sechs Staubfäden, mit welchen der Griffel
einerlei Länge hat. Die rothe Beere ist
länglich. Dieser Strauch ist sehr dauerhaft;
er wuchert sehr weit um sich herum, verliert
aber alle Jahre im Herbst seine Blätter.

Lycium chinense) soliis ovato-lanceola-
tis. Miller. Lyc. chinense; stylo staminibus longiore. Aiton. Der chinesische
langstachlichte und höchste Bocksdorn. Dieser
schöne Strauch hat viel ähnliches von Lyc.
barbarum, unterscheidet sich aber dadurch,
daß er zu einer Höhe von funfzehn Fuß her-
anwächst, mehr grade und aufrecht stehet,
mit dicken, zu zwei bis drei Zoll langen
Dornen besetzt ist, längere und breitere,
dicke, glänzendgrüne Blätter treibet, welche
er bis in den Winter hinein behält. Auch
fängt seine Flor später an. Die Blumen

Ω   sind

sind blaßroth und der Griffel ist kürzer als
die Staubfäden. Er treibt auch nur in der
Nähe wenigere Stämme aus der Erde, und
ist eben so dauerhaft als L. barbarum. Im
Gewächshaus ist derselbe eine immergrüne
Pflanze, deswegen er auch der Immergrüne
chinesische Bocksborn genannt wird.

Rosa alpina. Lin. Spec. pl. p. 703.
Rosa campestris, spinis carens, biflora.
Bauh. pin. 484. ist eine von R. pendula
wirklich verschiedene Rose. Nur ist davon
sehr selten eine richtige Pflanze zu erlangen,
weil solche noch zur Zeit in wenigen Samm=
lungen angetroffen wird. Hätten die Herren
Doct. und Professoren Willdenow und Mönch
von dieser Rose ein richtiges Exemplar vor
sich gehabt, so würden sie solche ganz anders
beschrieben und die Kennzeichen hinreichend
gefunden haben, die Rosa alpina und die
R. pendula als Arten zu unterscheiden.
Die wahre R. alpina hat einen niedrigern
Wachsthum, der Haupt=Blattstiel ist viel
kürzer,

kürzer, als der an der R. pendula, der daran
stehenden Blättchen sind wenigere, sie sind
eirund, blaßgrün, dünner, kleiner, glatt, und
am Rande sehr enge und fein gesägt. Die=
ser Strauch blühet im Junius. Die purpur=
farbnen Blumen sind kleiner. Der Frucht=
knoten ist fast rund, und glatt, der Blumen=
stiel weniger borstig. Die Kelchblätter sind
kurz zugespitzt. Die Frucht, welche mit ih=
rem krummen, kürzeren Stiel herunter hän=
get, ist roth, glatt, eiförmig kurz, ¼ Zoll
lang, nach ihrer Figur, der Frucht von Rosa rubiginosa L. ähnlich, und daher fast
rund.

Rosa pendula. Lin. Spec. pl. p. 705.
Rosa sanguisorbae majoris folio, fructu
longo pendulo. Dill. elth. 325. t. 145.
f. 319. ist mit der Rosa alpina Willde=
now einerlei Art. Dieser in Europa und
Amerika einheimische Rosenstrauch erreicht
einen viel höhern Wachsthum; seine Blät=
ter sind dunkelgrün, länger, breiter, dicker,
und

und doppelt gesägt. Er blühet im Mai und
Junius. Seine Blumen sind roth und größer.
Der Fruchtknoten ist eiförmig und glatt.
Die Kelchblätter sind langzugespitzt. Die
Frucht ist roth, glatt, lang=eiförmig oder
elförmig=cylindrisch, bis zu $1\frac{1}{2}$ Zoll in der
Länge, und hänget an einem längern Stiel
herunter. Die R. pendulina. Willdenow.
welche ich auch besitze, ist für eine abweichen=
de, und zwar für die amerikanische Art zu
halten. Ich habe noch eine andere und dritte
Art mit langen Früchten, welche von der
Linnéschen R. pendula in andern Theilen
abweicht.

Gewöhnlich werden diese zwei Rosen un=
ter dem Namen: Rosa alpina, fälschlich ver=
kauft und abgelassen. Die Haupt=Unter=
scheidungszeichen an der R. pendula sind die
elliptischen Blätter und die langen Früchte
samt ihren langen Stielen, nicht aber die
hangenden Früchte, weil solche an mehreren
und andern Rosenarten ebenfalls, jedoch an
kürzeren Stielen herunter hängen.

Ce-

Celastrus buxifolius, spinis foliosis
etc. Lin. Miller. iſt in dem Houttuyniſchen
Linneiſchen Pflanzenſyſtem T. 3. tab. 21.
f. 1. am richtigſten abgebildet worden. Nur
die Blätter ſind etwas zu kurz vorgeſtellt.
Dieſer ſchöne, vier Fuß hohe, noch ſeltene
Strauch, hat mit der folgenden gemeineren
Art, in der Ferne viele Aehnlichkeit, dahero
beide Pflanzen ſo leicht verwechſelt werden
können. Derſelbe unterſcheidet ſich aber von
Cel. pyracanthus dadurch, daß er niedriger
bleibt, mit ſtarken, ſehr langen und blät-
trichten Stacheln dichter beſetzt, und mit
dicken, ſchmalen, keilförmig = länglichten,
ſtumpfen Blättern verſehen iſt.

Celastrus pyracanthus, spinis nudis
etc. Lin. Miller. Die beſte Abbildung von
dieſem viel höher wachſenden Strauch, enthält des Comm. Hort. Med. Amstel. 1.
tab. 84. Die Stacheln ſind kaum zur Hälfte
ſo lang, wie an der vorherigen Art. Sie
ſind auch ſchwächer, meiſtentheils ohne Blätter,

ter, und stehen weitläuftig zerstreut, also wenigere an der Zahl. Die Blätter sind dünner, glänzend, viel breiter, eirund und an beiden Enden zugespitzt, schärfer und oft etwas stachlicht gesägt.

Die Früchte von beiden Arten gleichen von ferne den Verberitzbeeren.

Celastrus dentatus, inermis, foliis ovatis utrinque acuminatis, dentatis. Ist ein afrikanischer, drei Fuß hoher, schwacher Strauch, zu dem ich nirgends, weder eine passende Beschreibung noch Abbildung auffinden können. Wegen seiner überaus schönen Gestalt verdienet derselbe in jeder botanischen Sammlung zu seyn. Seine Rinde an alten Zweigen ist braun, an den jungen eckichten Trieben aber bläulichgrün. Die kurzgestielten Blätter sind oben dunkelgrün, unten blaßgrün, dick, steif und auf beiden Seiten stachlicht gezähnt, die größten davon 2½ Zoll lang, und in der Mitte einen Zoll breit.

breit. Diese Pflanze blühet im Junius, Jul.
und August in langgestielten kleinen und lo=
ckern Dolden an allen Seiten der Zweige bis
zur Spitze hinaus sehr zahlreich. Die Dolde
bestehet aus sechs, sieben bis acht ziemlich
großen Blumen. Der Kelch ist grün und
stumpf, fünfspaltig. Die Blumenkrone ist
weiß, regulair ausgebreitet und bestehet aus
fünf eirunden Blättchen. Die fünf weißen
Staubfäden mit blaßgelben Staubbeuteln
sind so lang als die Blumenkrone. Der
kegelförmige Fruchtknoten hat einen kurzen
rötblichen Griffel mit einer braunen stum=
pfen Narbe, welcher nebst den Staubfäden
einem großen, flachen, zehenfach gestreiften
Fruchtboden einverleibet ist. Die rothe
Frucht ist eine große, eirunde, stumpf= drei=
eckige, dreifächrige und dreilappige Capsel.
Jedes Fach hat in der Mitte eine Scheide=
wand und enthält zwei Saamen, von wel=
chen aber überhaupt statt sechse nur ein, zwei
bis drei zur Vollkommenheit und Reife ge=
langen. Letztere sind groß und mit einer
fleis

fleischigen rothen Haut umgeben. Diese
Früchte erlangen erst im folgenden Jahre,
im April und Mai ihre vollkommene Reife,
und sehen den großen rothen Kirschen viel
ähnlich. Sie hängen herunter, und der
ganze Strauch ist damit beladen, welcher
deswegen unter die schönsten gehört, weil er
stets mit Blumen und Früchten pranget.

Salix Helix Lin. Salix tenuior, folio mi-
nore utrinque glabro, fragilis, Bauhin.
Ist eine von Sal. purpurea. Lin. hinlänglich
unterschiedene Weide. Beide sind zwar Monandristen, aber wer sie in richtigen Pflanzen mit Stamm, Blättern und Kätzchen vor
sich siehet, wird sobald die Salix monandra,
Hoffmann, Willdenow, weil solcher die Sal.
purpurea und Helix. L. als zwei von einander sehr abweichende Weiden, in sich begreift,
für ganz ungültig erklären müssen.

Salix Helix. L: ist ein kleiner Strauch
mit zerbrechlichen Zweigen, welcher nicht so
hoch wächst als S. purpurea mit zähen Zweigen.

gen. Seine Rinde ist schwefelgelb, die jungen Zweige winklicht, weißlich und haarig, und brechen so leicht ab, als an der S. fragilis. Die Blätter stehen mehrentheils nur oben gegen einander über, solche sind kürzer und stehen alle schief. Ihre Oberfläche ist glänzend = glatt und blaßgrün, die Unterfläche hingegen weißlichblau, und die jungen Blätter auf beiden Flächen weiß und seidenartig filzig. Diese schwache, noch seltene Weide blühet einen Monat später als die S. purpurea. Seine Kätzchen sind kürzer, dicker, eirund und gleichsam mit einer weißen Seide überzogen.

Ich habe solche bloß aus Holland richtig

wild. Sie ist in harten Wintern ekel, und erfrieret in solchen bis auf die Erde hinunter.

Die Beschreibung von S. purpurea, L. kann man in mehrern Schriftstellern nachlesen.

Ich

Ich habe noch mehrere und andere, gar
sehr abweichende Monandristen in meiner
Weidenschule stehen, die ebenfalls eigene Ar=
ten ausmachen, und eben deswegen kann in
dieser Gattung das Wort: monandra, zu
einem specifischen Namen überhaupt gar
nicht anwendbar seyn.

Vitex Negundo. Lin. Sp. pl. p. 890.
ist bei mir, im Topf ein Baum von fünf
Fuß Höhe, der aber nach Millers Anzeige,
acht bis zehn Fuß hoch wachsen soll. Sein
Stamm ist kahl und ohne Aeste. Seine
Krone hingegen groß und ausgebreitet.
Blätter und Blumen sehen überaus schön
aus. Erstere sind ausgeschweift = gesägt,
mitunter auch tief gefiedert=gesägt. Letz=
tere erscheinen in größen traubicht=rispenför=
migen Büscheln, meistentheils an den Spi=
tzen der Zweige, im Julius, August und Sep=
tember. Die zahlreichen großen Blümchen
sind röthlichblau. Saamen will er allhier
nicht tragen.

Er

Er verliert zeitig die Blätter, und schlägt
spät wieder aus.

Die Abbildungen von Rumph und Rhee-
de, welche Linné zu dieser Art anführet,
passen dazu ganz und gar nicht, wie solches
der Fall bei mehreren, von ihm bestimmten
Pflanzen ist. Diese Abbildungen samt Beschreibung stellen zwar einen Vitex vor, aber
eine andere, von V. Negundo abweichende,
eigene Art.

Prinos glaber. Aiton. ist kein Prinos;
denn die Blume dieses sonst sehr schönen
Strauchs hat nur einen fünfspaltigen Kelch,
eine fünfspaltige Blumenkrone, fünf Staubfäden, einen Fruchtknoten ohne Griffel und
ohne Narbe. Dieser Charakter ist, ein Jahr
wie das andere, unveränderlich. Die Frucht
von dieser Pflanze ist mir unbekannt.

Clematis florida. Aiton. Diese prachtvolle Waldrebe mit ihren sehr großen und
stark gefüllten weißen Blumen ist von Cle-
mat.

mat. florida. Thunberg. mit welcher er sie in Vergleichung stellt, so sehr verschieden, daß man sie für eine eigene Art ansehen muß.

Aiton hat demnach auch hier geirret. So ist Japan nicht das Vaterland seiner Pflanze, welche er vielleicht nur deswegen im heißen Hause aufbewahret, da sie allhier im freien Lande die strengste Kälte verträgt.

Anmerkung. Diese und noch andre zahlreiche Gattungen samt ihren Arten, sowohl gemeine als seltene, sind in Pflanzen, durch Kauf oder Tausch bei mir zu haben.

Dresden.

Gottlob Börner.

IX.

IX.

Verzeichniß derer Pflanzen,

welche

im Churfürstl. Orangengarten

zu Dresden

beim

Herrn Hofgärtner Seidel

vom Sommer 1797 an, bis in den

Sommer 1798

zum ersten Mal geblüht haben.

Acalypha indica. L.

Achillea tanacetifolia. Allion.

Eine schöne Art; welche wider die Vermuthung der Gmelinischen Ausgabe des Natursystems gewiß eine eigene Art ist. —

Aconitum

Aconitum Anthora. — L.

Adenanthera pavonina.   L.

 Blühet im zweiten Jahre ihres Alters.

Aeschynomena americana.   L.

 —————— patagonia. Roth;

 Ist ein kleines, liegendes Sommergewächs.

Agrostemma Flos Jovis.   L.

Allamanda cathartica.   L. suppl.

 Eine schöne Treibhauspflanze, deren ansehn=
liche, große Blumen bis jetzt noch keine
Früchte haben ansetzen wollen. — Durch
Ableger vermehrt sie sich gut, aber Steck=
linge scheinen nicht anschlagen zu wollen.

Allium altaicum.   Pall.

 —— fistulosum. L.

 —— lineare. L.

 —— odorum. L. Mant.

Amaranthus lividus.   L.

 —— polygamus. L.

 —— retroflexus. L.

 —— spinosus. L.

         Ambra-

Ambrosia artemisifolia. L.

—— elátior. L.

Anacyclus Valentinus. L.

Anchusa italica. L.

Diese zweijährige Pflanze verdient zu Verzierung der Blumenstücke benutzt zu werden; denn sie wird hoch, und ist über und über mit angenehm blauen, ansehnlichen Blumen bedeckt.

Anchusa sempervirens. L.

Andrachne telephioides. L.

Anthericum annuum. L.

Anthyllis tetraphylla. L.

Antirrhinum osyris. Des. Font.

—— silenaefolium.

Diese wahrscheinlich noch unbeschriebene Art ist aus Saamen, welche der Graf Hofmannsegg auf seinen naturhistorischen Reisen sammelte. Die Blätter haben viel ähnliches mit der Silene conoidea. ihr botanischer Charakter ist folgender:

Caulis

Caulis erectus, strictus teres; glaber, laevis, inferne simplex, superne ramosus, glaucus. Folia alterna, ovato-lanceolata, acuta, sessilia, integerrima, nervosa, venosa, glabra, laevia, plana, utrinque glauco-incana, superne sensim minora. Racemi plurimi, terminales, erecti. Pedunculus communis teres, flexuosus; partialibus bracteis vix aequantibus Bracteae oblongae, acutae. Cal. profunde 5-fidus, laciniis lanceolatis, acutis. Cor. colore et magnitudine A. Linariae. Nect. pedicellis 3-plo longiores. Palatum intus villosum.

Antirrhinum γλββγιίιm.

Arabis pendula. Jacq.

Arbutus Unedo rubra. L.

Diese schöne Sorte des Erdbeerbaums hat hier in diesem Jahre zum ersten Mal Früchte angesetzt, welche auch zu ihrer Reife kommen werden.

Artemisia Hispanica. Jacq.

Der Saamen dieser Art Beifuß ist aus Si-
cilien, wo er wahrscheinlich wild zu finden
seyn wird.

Ob er wirklich diese Art ist, mag folgende Beschreibung zeigen.

Caulis erectus, teres, angulosus, glaber,
virgato ramosus, septempedalis. Folia
caulina alterna, sessilia, interrupte pinnata s. profundissime pinnatifida: laciniis
lanceolatis, inaequaliter incisis, dentatis,
acutis; glabra, nervosa, venosa: nervis
secundariis venisque supra et infra prominentibus; Folia ramea pinnatifido - laci-
niatis, dentatis: imis linearibus, integerrimis. Racemis in axillis foliorum, terminalibus, agregatis. Floribus pedun-
culatis sessilibusque, bracteatis, viride - lu-
tescentes, parvi, subglobosi. Squamis
calycinis exterioribus carnosis, viri-
des, interdum elongatis; interioribus
membranaceis, albidis. Receptaculum nudum.

R   Asclepias

Asclepias nigra.

—— nivea.

Asparagus tuberosus.

Unter diesem Namen, wahrscheinlich nach Jacquin, erhalten. Es ist die schönste hier bekannte Art dieser Gattung. Die Wurzeln sind wirklich knollig und stehen oft aus der Erde heraus. Die Stengel sind jahrig, hin und her gebrochen, zart und Büschelweise mit feinen nadelartigen Blättern besetzt. Die einzelnen, ziemlich großen Blumen sind weiß mit blutrothen Staubfäden, und riechen sehr angenehm.

Aster diffusus. Ait.

—— divaricatus. L.

—— divergens. Ait.

—— junceus. Ait.

—— laevis. L.

—— nemoralis. L.

—— patens. L.

—— pendulus. L.

Aster

Aster salicifolius. · L.

Astragalus alopecuroides. L.

> Ein prachtvolles Staudengewächs.

— pilosus. L.

— sesameus. L.

Athanasia annua. L.

Atropa mandragora. L.

Barleria coccinea. L.

> Diese Pflanze hat im äußern Ansehen viel ähnliches von der Justicia coccinea. Aubl.

Beta patula. Ait.

Boerhavia hirsuta. L.

Browallia demissa. L.

Bryonia laciniosa. L.

Bunias aspera. Retz.

— balearica. L.

Calendula dalgesyrum.

— sicula.

> Zwei neue unter diesen Namen erhaltene Arten, welche wahrscheinlich schon bekannt sind.

Cam-

Campanula canariensis. **L.**

Diese Pflanze verdient mit Recht bei der Gattung Campanula stehen zu bleiben; denn die Abweichung ihres Charakters ist so wenig bedeutend, daß man, verfolgte man diese feinen Distinctionen bei allen Gattungen, in jeder nur eine Art haben würde.

— liliflora. **L.**

— sibirica. **L.**

Cassia procumbens. **L.**

— Senna. **L.**

— sensitiva. **Jacq.**

— sinensis. **Jacq.**

Celastrus Colpoon.

Dieser unten dem Namen Evonymus Colpoon erhaltene, immergrüne Strauch, scheint seinen Blüthentheilen nach ein Celaster zu seyn; doch ist die Bestimmung desselben, in Ermangelung der Früchte, noch immer ungewiß. Da hier nun an seiner

genauen

genauen Kenntniß vieles gelegen ist, so will ich dasjenige, was man hier an ihm findet, kurz aufzeichnen.

Caulis et rami teretes. Cortex rimosa, atrofusca. Folia sparsa, in apicibus ramorum conserta, patentia, lanceolato-oblonga s. cuneiformi - lanceolata, acuta, interdum obtusa, postice remote spinoso-dentata, antice integerrima, attenuata; glabra, nitida, plana, crassa, coriacea. Paniculis in apicibus ramulorum axillaribus, diffusis, dichotomis. Pedunculi proprii superne incrassati, basi bracteati. Bracteae solitariae, subulatae, rubrae. Cal. 5 - fidus, glaber, planus: laciniis subrotundis, aculiusculis, rubrociliatis. Cor. 5 - petala; plana: Petalis, albidis, oblongis, lineatis, patentissimis, obtusis, margine revolutis, calice 3 - longioribus. Receptaculum immersum, planum, 10. striis notatum, flavescens. Stam. 5 - patentia, longitudine petalorum.

talorum, subulata. Germen receptaculo immersum, ovatum, obsolete trigonum. Stylus brevis. incurvus. Stigma 3 - fidum.

Cenchrus echinatus. L.

Centaurea muricata. L.

—— - pullata. L.

Eine sehr schöne Art.

Cercis canadensis. L.

Cerinthe aspera. Roth.

Cheiranthus callosus. L. suppl.

Chenopodium aristatum. L.

Chloranthus inconspicuus. L' Herit.

Chloris petraea. Swarz.

. Ein niedliches Gras.

Chrysanthemum indicum. L.

Diese schöne Staude, welche auch unser Klima im Freien verträgt, ziert im spätesten Herbste die Glashäuser ungemein. In Japan und China, welches ihr Vaterland ist, wird sie häufig in den Gärten unterhalten, und

und man hat sie daselbst, wie wir die Astern, von allen Farbenabänderungen. Bis jetzt ist hier bloß die gefüllte dunkelrothe Art, welche aber auch schon mit einfachen und röhrigen Blumen abändert; so daß man Hoffnung hat, auch hier mehrere Sorten aus Saamen zu erziehen, sobald als man ihn zu seiner Vollkommenheit bringen wird.

Chrysanthemum carinatum.

Unter diesem Namen hat man eine sehr schöne Pflanze erzogen, deren Vaterland Marocco ist; welche aber nichts weniger, als ein Chrysanthemum seyn kann, wie folgende Beschreibung zeigen wird.

Planta annua, carnosa, glabra. Caulis erectus, teres, glaber, corymboso - ramosus. Ramis axillaribus, erectis, uni - s. multifloris. Folia alterna, sessilia, inferne linearia, elongato - dentata; superne bipinnati fida : laciniis linearibus, divaricatis, acutis, raro dentatis; carnosis, glabris lucidis. 3 - 4 unc. lon. Pedunculis

culis terminalibus, unifloris, erectis, teré-
tes, levissime sulcatis. Floribus specio-
sis, $2\frac{1}{2}$ unc. lat. C lyx haemisphaeri-
cus, imbricatus. Squamis exterioribus
bus triquetris, carinatis, undatis, glibris,
apice membrana arida susca auctis; interioribus oblongis, margine late membranaceis, Corullulae femineae oblongo-
cuneatae, quindecim, apice truncatae
3 - 5 - crenatae albae inferne sulphureae
lineatae hermaphroditae 5 - partitae,
atro - sanguineae. Antheris intra tubum.
Stigmata 2 - fida. Semina inaequaliter trigono - oblonga, alata: alis solitariis,
aro oppositis, membranaceis, pellucidis,
laceris. Pappus obsolete marginatus.
Receptaculum carnosum, paleaceum;
paleis seminorum alis simillimis.

Mit der Gattung Chrysanthemum hat sie
also weiter nichts gemein, als die rauschen=
den innern Kelchschuppen; Fruchtboden
und Saamen entfernen sie davon mehr, als
dieses

dieses sie nähern kann. Kelch und Saa=
men aber entfernen sie auch ebenfalls von
den Gattungen Anthemis und Puplitbal,
mum, so daß sie mit hinreichenden Grün=
den eine eigene Gattung bilden kann.

Cistus canariensis, Jacq.

   — canus. L.

   — guttatus. L.

   — halimifolius. L,

   — salicifolius. L.

   — serpyliifolius. L,

Clematis calycina. Ait.

Merkwürdig sind doch bei dieser und der
Clematis cirrhosa die kelchartigen oder so=
genannten Deckblätter. Es scheint gleich=
sam diese Gattung der Atragene näher
zu bringen.

Clethra arborea. Ait.

Clitoria ternatea alba, L,

Diese weißblumige Abänderung dieser so
sehr schönen Pflanze, setzt hier allemal
ungleich

ungleich leichter Saamen an, als die blau=
blumige.

Cochlearia glastifolia.

Corchorus capsularis

Coreopsis formosa,

Unter diesem Namen will man einstweilen
eine Pflanze anführen, welche, da sie bis
jetzt nur erst eine Blume gehabt hat, noch
nicht hinlänglich bestimmt ist. Aber dem
Bau dieser Blume nach ist es ein Coreop=
sis und dann aber auch gewiß das schönste,
denn die Blumen gleichen in der Größe
und Farbe der Zinnia elegans ganz. Die
Blätter sind zwei bis dreimal in linienför=
mige Querstücke zertheilt und spitzig.

Coreopsis leucantha   L.

—   parviflora.

Die Blätter sind zusammengesetzt und li=
nienförmig; die Blumen sehr klein mit ei=
nem sparsamen weißen Strahl.

Crambe maritima.   L.

Cras-

Crassula glomerata, L.

— dichotoma. L.

— lactea, Ait,

— marginalis, Ait,

— perfoliata, L.

Crataegus tomentosa, L,

Crepis alpina, L,

Crinum bracteatum. Jacq,

Crotallaria verrucosa. L.

Crucianella maritima, L.

Cynosurus dominghensis, L,

— echinatus. L,

Cyperus haspan, L,

Datura arborea, L.

Diefe prachtvolle Pflanze blühet hier zum ersten Mal nur mit einer einzigen, aber doch an die 15 Zoll langen Blume. Sie verdient in jeder Sammlung, als etwas vorzüglich schönes, einen der ersten Plätze;

Duranta Ellisia. L.

Elaeo-

Elaeodendrum orientale.　Jacq.

Erica cinerea.　L,

— fucata,　Thunb,

— marifolia.　Ait.

Diefe follte man auf den erften Anblick für nichts weniger als eine Erica halten.

— pubescens,　L.

— stricta,　Wendl,

— triflora.　Wendl,

Erigeron bonariense.　L.

Erinus alpinus.　L.

Diefes Pflänzchen follte fich fehr gut zu Einfaffungen benutzen laffen,

Euphorbia balsamifera.　Ait.

— cinerascens.　Moench,

— neriifolia.　L.

— officinarum,　L,

— picta.　Jacq.

— pilulifera.　L,

Frankenia laevis. L.

Dauert recht gut im Freien⸗aus.

Fumaria cucullaria. L.

Galega ochroleuca. Jacq.

Genista linifolia. L.

— sibirica. L.

Geropogon glabrum. L

Gladiolus marianus. Jacq.

Ist sehr schön.

Gnaphalium undulatum. L.

Gorteria squarrosa. L.

Hedysarum hamatum.

So nennen wir hier ein wahrscheinlich neues Hedysarum, welches unter dem Trivialnamen tortuosum ausgeſäet ward. Die weitläuftigere Beschreibung aber wird hinlänglich zeigen, daß es von diesem sehr verschieden ist. Hamatum hat man es wegen der hackenförmigen Haare, womit die ganze Pflanze bedeckt ist, benannt. Das ehemalige Linnéische Hedysarum ha-

matum

matum ſteht jetzt unter der Gattung Aylosanthes, und kann mit dieſem nicht verwechſelt werden.

Tota planta dense hamato - villosa. Caulis erectus, teres, angulatus. Folia ternata: foliolis ovatis, integerrimis, acutiusculis, mucronatis. Stipulae oblongae, acuminatae Stipulae foliolorum subulatae. Paniculae terminales, erecti. Pedunculi gemini, uniflori. Bracteae lineares. Flores parvi, viride caerulescentes.

Hedysarum paniculatum. L.

Helianthus dodecapetalus. Jacq.

Hermannia praemorsa. Wendl.

— scordifolia. Jacq.

Hibiscus hastatus. Thunb.

— laevis. Scop.

Dieſe Art, welche man hier ſonſt unter dem Namen H. floridanus führte, dauert ſehr gut im Freien aus; nur kömmt er daſelbſt nie zu ſeiner ſchönen Blüthe.

Hibis-

Hibiscus Rosa sinensis simplex,

Diese Art ist in Rücksicht der Schönheit der Blume der gefüllten vorzuziehen.

Hieracium villosum. L.

Hortensia mutabilis. Juss,

Dieser sehr schöne Strauch hat dieses Jahr mit einer vorzüglichen, sehr lange währenden Pracht geblühet.

Hyoseris hedypnois. L.

— rhagádioloides, L.

— scabra, L.

Hypericum elatum, Ait,

— foliosum. Ait,

Iberis gibraltarica. L,

Illecebrum capitatum. L,

Inulá suaveolens, Jacq.

— undulata. L,

Iusticia formosa, Wendl.

— lithospermifolia. Jacq,

Sieht der J. peruviana sehr ähnlich.

Iusticia superba.   Jacq.

Iſt auf alle Fälle die ſchönſte hier bekannte
Art; und da mir keine Beſchreibung der-
ſelben bekannt iſt, ſo will ich hier einen
Entwurf derſelben verſuchen.

Caulis suffruticosus, erectus, teres glaber, ramosus: rami filiformi, oppositi,
laxi. Folia opposita, patentia, betiola-
ta, lineari - oblonga, attenuata, acuta, integerrima, uninervia, venosa, plana, glabra, superiora sensim minoia sessilia,
lineares; 2. poll. lon. et 3 - 4. lin. lat.
Flores in axillis ramulorum terminales,
solitarii s: oppositi, subsessiles, speciosi,
coccinei, 1$\frac{1}{2}$ poll. lon.   Bracteae binae
oppositae, erectae, calyce longiores, lineares, deciduae.   Cal. 5 - fidus, extus pubescens: laciniis linearibus, mucronatis,
Cor. tubulosa, bilabiata: Tubus filiformis, extus pubescens; pars intra calycem
glaber inflatus.   Labium superius lineari - oblongum, obtusum, emarginatum,
reflexum;

reflexum; inferius 3-fidum: laciniis aequalibus, oblongo-linearibus, obtusis, nec emarginatis, reflexiusculis. Stamina 2. ad incisuras labii inferioris, inserta; longitudine fere corollae; Anth. bifidae, versalites: laciniis inaequalibus, 1-locularibus. Germ. oblongum, glabrum. Styl. filiformis longitudine staminum. Stig. simplex, obtusum.

Kaempferia Galanga. L.

Kyllingia triceps. L. suppl.

Lactuca quercifolia. L.

— perennis. L.

Lagoecia cuminoides. L.

Ein merkwürdiges Beispiel des Uebergangs aus einer Pflanzenfamilie in die andere; man würde sie dem ersten Ansehen nach für eine Doldenpflanze halten.

Lantana radula. Swarz.

Laurus borbonia. L.

Lavatera maritima. L.

Lavatera triloba. Jacq.

Lapsana rhagadiolus. L.

— stellata. L.

Leonurus crispus. Murray.

Lithospermum purpuro-caeruleum. L.

Lobelia longiflora. L.

Lysimachia thyrsiflora. L.

Madia viscosa. Cav.?

Mahernia glabrata. L. suppl.

Manulea tomentosa. L.

Massonia latifolia. L. suppl.

Medicagines.

Von dieser Gattung haben dieses Jahr einige vierzig Arten, welche größtentheils unter Medicago polymorpha gerechnet werden, geblüht. Wegen des Sonderbaren der Früchte verdienen sie, ihres übrigen gemeinen Ansehens ohngeachtet, viel Aufmerksamkeit.

Melaleuca citrina. Wendl.

— linearis. Wendl.

Zwei

Zwei sehr schöne Neuholländische Sträucher,
welche im Ganzen sehr viel ähnliches mit
einander haben.

Mesembryanthemum deflexum. Ait.

Diese, sonst unter dem Namen M. tenui-
folium hier befindliche Zaserblume über-
trifft in Absicht des brennenden Roths der
Blumen alle andere hier bekannte Arten.

Messerschmidia fruticosa angustifolia. L.

— — — · — latifolia.

Diese beiden, hier aus Saamen gefallenen
Abänderungen, sind ein merkwürdiges Beispiel, welche Behutsamkeit dazu gehört,
neue Arten zu bestimmen. Die erstere Abänderung hat gleich breite, öfters über vier
bis fünf Zoll lange Blätter, da hingegen
die zweite Abänderung eirund länglichte,
an der Grundfläche herzförmige Blätter
hat, welche kaum zwei Zoll lang, dabei
aber drei bis viermal breiter als die
der erstern sind. Würde hier nicht auch
der geübteste Botaniker, wenn er jede be-

sondern

sonders und von verschiedenen Orten in seine Sammlung bekäme, sie nicht für zwei
ganz verschiedene Pflanzen halten?

Sollte nicht auf diesem Wege schon so
manche neue Art die so große Summe des
Pflanzenreichs vermehrt haben? Und wäre es vielleicht nicht sicherer, wenn man die
der Veränderung so sehr unterworfene Blatt-
form, so wie auch noch mehr dergleichen
äußere Theile der Pflanzen bei Bestimmung
der Arten, so viel als möglich vermiede,
und dafür lieber zu den Abweichungen der
Blüthentheile seine Zuflucht nähme, welche
in jeder Gattung, sie sei auch noch so groß,
wenigstens nach meinen Beobachtungen,
hinlänglichen Stoff darbieten würde? Und
blühende Exemplare muß man doch auch allezeit zu jeder einzelnen Artbestimmung haben.

Uebrigens ist dieser schöne Strauch,
wegen des angenehmen Vanillengeruchs der
Blüthen, welche überdieß sehr lange wäh-
ren, für die Glashäuser sehr zu empfehlen.

Mimosa

Mimosa tortuosa. L.

Hat sehr viel Aehnlichkeit mit M. virgata.

Melothria pendula. L.

Mimulus ringens. L.

— viscosus. Wendl.

Nicotiana pusilla.

Oenothera nocturna. Jacq.

— pumila. L.

— purpurea.

— tetraptera.

Eine sehr schöne Pflanze, welche wahrschein=
lich mit der Jacquinischen O. nocturna
eine und dieselbe Pflanze ist. Sie blüht
bloß des Nachts, mit sehr großen, weißen
Blumen, welche sich, so bald der Tag an=
bricht, schließen, und eine rosenrothe Farbe
annehmen. Auch selbst, wenn man sie
beim Dunkel abschneidet und einlegt, um
sie zu trocknen, nehmen sie dieses Roth an.

Ononis crispa. L.

Onosma

Onosma simplicissima.　L.

Ein sehr schönes Sibirisches Staudenge-
wächs.

Ornithopus scorpioides.　L.

Oxalis sessilifolia,　L.

Oxybaphus viscosus.　L' Herit.

Mit dem größten Recht hat man diese
Pflanze zu einer neuen Gattung erhoben;
ohnerachtet sie der sonst so genau beobach-
tende Cavanilles zur Gattung Mirabilis
rechnet.

Passerina lateriflora.　Wendl.

Passiflora maliformis.　L.

— 　quadrangularis.　L.

Beides schöne Pflanzen, deren wohlriechen-
de Blumen an Größe die der P. caerulea
übertreffen. Erstere hat sehr schöne reife
Früchte angesetzt, aus deren Saamen bereits viel junge Pflanzen erzogen worden
sind. Letztere erfordert ein gewisses beträcht-
liches Alter, ehe sie ihre so schönen Blumen

men hervorbringt; und blühet auch dann
nicht so leicht, wenn man sie nicht dicht
hinter dem Glase wegzieht.

Pavonia aristata. Cav.

Pelargonium althaeoides. L' Herit.

— angulosum. L' Herit.

— balsameum. Jacq.

— bulbosum. Jacq.

— bullatum. Jacq.

— fucatum. Jacq.

— hermanniae folium. L' Herit.

— tomentosum. Cav.

— triphyllum. Cav.

— zonale album. Wendl.

Diese Abänderung ist sehr von dem eigent-
lichen P. zonale verschieden, hat sich auch
hier durch Saamen in seinen Eigenthüm-
lichkeiten erhalten; ist also eigentlich eine
für sich selbst bestehende Art.

Phylica paniculata. Wild.

— pubescens. Ait.

Phyl-

Phyllanthus niruri. L.

Phytolacca abyssinica. Hoffm.

— dodecandra. L' Herit.

Piper blandum. Swz.

— clusiaefolium. Jacq.

— reflexum. Ait.

Plantago crassifolia. Wild.

Poinciana pulcherrima. L.

Schon seit mehrern Jahren hat man sich hier Mühe gegeben, die aus Saamen gezogenen Pflanzen dieser Art zur Blüthe zu bringen, aber immer vergeblich; denn allemal tödete der Winter die zarten Pflänzchen. Und ähnliche Klagen hört man von Mehrern, welche sie erzogen haben. Es giebt daher einen ganz besonderen Vortheil in ihrer Cultur, welchen man aber hier nicht hat finden können, denn die heuer blühende Pflanze war bereits sehr stark, als sie hierher kam. Es verdient aber, daß man alle Aufmerksamkeit auf diese so vorzüglich schöne Blume wendet.

Poll.

Pollichia campestris. Ait.

Polygala chamaebuxus. ‘L. ¹

Potentilla intermedia. L.

— multifida. L.

— rupestris. L.

Prenanthes viminea. ‘L.

Merkwürdig ist dieser schöne Syngenist auch
vorzüglich deswegen, weil man ihn zu den
Pflanzen der Sächsischen Flora rechnen
darf. Zuerst fand ihn der Herr Pastor
Maucke zu Brockwitz bei Meißen auf einem
Berge, die Poßel genannt; nach ihm sah
auch ich sie an gleichem Orte, und in einiger Zeit darauf an den Felsen bei dem
Schlosse Weßenstein.

Pyrola secunda. L.

— umbellata. L.

— uniflora. L.

Psoralea bracteata. Ait.

Pyrus hybrida. Wild.

Reseda phyteuma.

Reseda-

Reseda undata.

Rhapis flabelliformis.　Swz.

Rheum tartaricum.　L.

Rhus viminale.　Ait.

Royena lucida.　L.

　　— myrtifolia.　Ait.

Rubia fruticosa.　L.

Ruyllingia triangularis.　Ehrh.

Salvia paniculata.　L.

— Pseudoccocinea.　Jacq.

Santolina maritima.　Jacq.

Schkuhria abrotanoides.　Roth.

Scorzonera muricata.

　　Eine neue, aus Arragonien stammende Art.

Scrophularia peregrina.　L.

Secale prostratum.　Pall.

Sedum dasyphyllum.　Ehrh.

Sempervivum glutinosum.　Ait.

　　Eine sehr schöne Pflanze.

Sideritis perfoliata.　L.

Sideroxyllum melanophleum. L.

Sinapus Allioni. Jacq.

Smilax tamnoides. L.

Solanum corymbosum. Jacq.

—— Racknitzii.

Diese sehr schöne neue Art dieser Gattung ist hier aus Saamen von Sierra Leonis erzogen worden.

In ihrer Benennung hat man das Andenken des, hier für die Naturgeschichte sich sehr verdient gemachten, Herrn Hausmarschalls Freiherrn zu Racknitz zu verehren gesucht.

Beschreibung und Differenz sind folgende:

S. caule fruticoso tereti aculeato, foliis sinuato - pinnatifidis utrinque tomentosis aculeatis, laciniis suboppositis acutis.

Sie gehört also in der neuen Ausgabe der Species plantarum durch Willdenow zwischen No. 63. und 64.

Beschrei

Beschreibung.

Suffrutex aculeatissimus, inodorus. Caulis erectus, teres, subramosus, flavo virens, tomentosus, aculeatus; aculei numerosissimi, subulati, recti, reflexi, luteo-stramihei. lin. 6. et ultra longi. Rami fugura et caeteris partibus caulem aequantes. Folia alterna, patentissima, petiolata, oblonga, acuta, basi inaequalia, utriuque tomentosa, sinuato-pinnatifida: laciniis suboppositis alternisue, (7. paria) quasi triangularibus, acutis, raro repandis, integerrimis: Sinubus coarctatis, elevatis; uninervia, venosa: nervis venisque utrinque prominentibus tomentosis: Costa utrinque aculeata, supra ferrugineo-tomentosa: aculeis brevibus, erectis, sparsis, raro uuo alterove minimo in venis; uncias 5 longa et $2\frac{1}{2}$ lata. Petioli teretes, aculeati, tomentosi, unc. 1-$1\frac{1}{2}$ longi. Racemi simplices, suboppositifolii, pauciflori, subsessiles. Pedunculi

dunculi alterni, uniflori, tomentosi, iner.
mes. Flores speciosi, purpureo - viola-
cei, 8 - 10 lin. lat. ante et post florescen-
tiam nutantes. Calyx tomentosus, raro
aculeatus: laciniis patentibus, acuminatis. Corollá rotata, plicata, fundo lu-
tea, extus partim toméntosá. Stamina lu-
tea, Germen oblongum, glabrum. Stylus villosus, superne glaber, staminibus
longior. Stigma obtusum.

Sonchus plumieri. L.

Sophora juncea. Wendl.

Spartium sphaciocarpum. L.

Statice. cordata. L.

— sinuata. L.

— speciosa. L.

Stroemia pentaphylla.

Ift Linnés Cleome partaphylla, welche
Borckhaufen zu einer neuen Gattung unter
dem Namen Pedicellaria pentaphylla erho=
ben hat.

Tett-

Tagetes minuta, L.

Tanacetum flabellifolium. L'Herit.

Teucrium canadense. L.

Thlaspi saxatile. L.

Tournefortia oymosa. L.

Trianthema monogyna. L.

Trigonella platycarpos, L.

Tripsacum hermaphroditum, L.

Tulipa persica. Jacq

Eine sehr schöne Art.

Ursinia paleacea. Moench.

—— repens.

Ist Arctotis repens Ehrh.

Verbena triphylla. L'Herit

Verdient wegen des angenehmen Citronen=
geruchs der Blätter sehr geschätzt zu wer=
den.

Viburnum dentatum. L.

Ximenesia encelioides. Cav.

———————

Da es verschiedene Liebhaber der so sonderbar
und schön gebildeten Fairenkräuter giebt, welche, so wie es auch hier der Fall ist, gern ihre
Sammlung vermehrt sähen, diese Pflanzen
aber in den mehresten Gärten ziemlich selten
sind, so zeige ich anbei auch gleich die hier
jährlich blühenden Pflanzen dieser Fami-
lie an.

Asplenium germanicum,   Hoffm.

——   Rutamuraria.   L

——   Scolopendrium.   L.

——   ——   daedaleum.

——   septentrionale.   Hoffm.

——   trichomanoides   L.

Blechnum occidentale.   L.

Caenopteris canariensis.   Wild.

Onoclea sensibilis.   L.

——   Spicant.   Hoffm.

——   Struthiopteris,   Hoffm.

Ophio

Ophioglossum vulgatum. L.

Osmunda lunaria. L.

Polypodium anthriscifolium. Hoffm.

— aureum. L.

— bulbiferum. L.

— Callipteris. Ehrh.

— cristatum. L.

— cynapifolium. Hoffm.

— dentatum. Hoffm.

— dilatatum. Hoffm.

— Dryopteris. L.

— Filix femina. L.

— — mas. L.

— fragile. L.

— incisum. Hoffm.

— molle. Hoffm.

— Oreopteris. Hoffm.

— patens. Swz.

— Phegopteris. L.

Polypo-

Polypodium phymatodes. L.

— rigidum. Hoffm.

— tanacetifolium. Hoffm.

— Thelypteris. L.

— trifidum. Hoffm.

— vulgare. L.

Pleris aquilina. L.

— longifolia. L.

— serrulata. L.

———————

X.

Verzeichniß der Pflanzen,

welche

im Churfürstl. Großen Garten

zu Dresden

beim

Herrn Hofgärtner Hübler

von

1797. bis 1798. zum ersten Mal
geblühet haben.

Achyranthes repens.

Acer laciniatum, ist A. Platanoides. var. ß.
Aiton.

— pensylvanicum. L.

Aeschynomene indica. L.

Althaea

Althaea bonariensis.　Cav.

Anagyris foetida.　L.

Anthospermum aethiopicum.　L.

Anthyllis vulneraria.　L. fl. purpur.　　—

Arctotis acaulis.　L.

— angustifolia.　L.

— cineraria.

— paleacea.　L.

— rosea. Diese schöne Art zeichnet sich besonders durch ihre ansehnlichen rothen Blumen aus, welche bisweilen sogar purpurfarben sind. Sie ist um desto auffallender, da alle bisher bekannte Arten dieses Geschlechts gelbe oder weiße Blumen bringen. Sie läßt sich im Orangenhause gut überwintern, nur muß man sie so viel möglich ans Licht bringen, und im Sommer vor der Sonnenhitze und allzuvieler Feuchtigkeit verwahren.

Aster cineraria.　Jacq.

— crinitus.　L.

Aster

Aster divaricatus.   L.

—— junceus.   Ait.

—— puniceus.   L.

—— salicifolius.   Ait.

—— virgatus, ist pendulus. Mil.

Astragalus onobrychis.   L.   Dieses Stauden=
gewächs hat einen halbgestreckten Stengel,
und ist wegen seiner großen purpurblauen,
in Aehren wachsenden, Blumen gewiß ei=
nes der schönsten seiner Gattung.   Sie
wächst in Oestreich zwar wild, ist aber dem=
ohngeachtet bei uns noch selten.

Boerhavia hirsuta.   L.

Bryonia palmata.   L.

Briza Eragrostis.   L.

Campanula pulla.   L.

Chrysanthemum indicum.   L.   Keine der an=
dern hier bis jetzt bekannten Arten dieser
Gattung gleichet dieser an Schönheit.   Sie
bildet einen über 3 Schuh hohen Strauch.
Die öfters reichlich 3 Zoll im Durchschnitt
halten=

haltenden, ganz gefüllten Blumen, womit
die Pflanze fast überhäuft ist, geben ihr ein
prächtiges Ansehen. Ueberdieß wird ihr
Werth noch dadurch erhöhet, daß sie in
der Mitte des Winters blühet, zu einer
Zeit, wo jede Blume doppelt willkommen
ist. Ihre Vermehrung kann theils durch
die Wurzel, theils durch Stecklinge in
großer Menge geschehen.

Cistus canus.   L.

— polifolius.   L.

Cleome pentaphylla.   L

— viscosa.   L.

Convallaria japonica.   Thunb.

Crassula umbellata.   Der Wuchs dieser Pflan=
ze ist ganz besonders: sie treibt aus ihrer
knollichen Wurzel einen, in der Stärke eines
schwachen Federkiels, gegen 4 Zoll hohen, blaß=
rothen, etwas durchsichtigen, runden Sten=
gel, welcher in Gestalt eines Sonnenschirms
nur ein gewölbtes, glattes, fleischiges, auf
der untern Seite dunkel purpurfarbiges
Blatt

Blatt trägt, welches am Rande zuweilen
etwas gekerbt und unterwärts eingerollt ist.
Aus der Mitte dieses Blattes, über dem
Schafte, steiget ein ohngefähr 3 Zoll langer
schwacher Blumenstengel, dessen oberer Theil
eine 1½ Zoll lange Blumentraube bildet.
Die kleinen, weißen fünfblättrichen Blu=
men, deren lanzetförmig eirunde, zuge=
spitzte Kronenblätter, wenn sie völlig aufge=
blühet, zurückgerollt sind, stehen zu 5 bis 8
auf kurzen Stielchen, zwei und dreifach
über einander, beinahe quirlförmig um den
Stengel; die obere Spitze bildet eine ein=
fache Dolde. Die Pflanze ist über der Er=
de vergänglich; sie kömmt zu Anfang des
Winters zum Vorschein, blühet ohngefähr
im Februar und gehet bald darauf wieder
zurück. Saamen hat sie nicht angesetzt.

Crataegus acerifolius, ist C. cordatus. Ait.
Crepis coronopifolia.

— alpina. L.

— pulchra. L.

Crota=

Crotalaria verrucosa. L.

Cynoglossum cheyrifolium. L. Köimmt wegen der längern Blumenkrone als der Kelch, und der lanzetförmigen auf beiden Seiten mit silberweißen Haaren besetzten Blättern mit der Bschreibung des Linné überein: allein die Blumenkrone ist nicht weiß und mit purpurrothen Adern gezeichnet, sondern kupferroth.

Cynosurus aureus. L.

— divaricatus. Thunb.

— domingensis L.

— echinatus. L.

— indicus. L.

Cyperus Haspan. L.

— alternifolius. L.

Dichondra sericea. Swarz.

Echium strigosum.

Eclipta prostrata. L.

Ellisia Nyctelea. L.

Fraxinus paniculata. ꞏ Es ist besonders, daß
dieser Baum, welcher nur erst drei Jahr
alt, und bis sechs Schuh hoch ist, schon in
großer Menge geblühet hat. Sein Ansehen war vortreflich, fast jeder Zweig brachte an der Spitze zwei bis drei große Blü-
thenbüschel.

Geranium acerifolium.   L' Herit.

— balsameum,   Jacq.

— fuscatum.   Jacq.

— incanum;   L.

— scabrum.   L.

— lacerum.

Gleditschia triacanthos,   L.   Hat einige Früchte angesetzt.

Glycina bituminosa.

Gnaphalium ericoides,   L.

Hamellia chrisantha,   Swarz.

Hermannia candicans.   Ait.

— latifolia.

— rotundifolia.

Her-

Hermannia scabra. Cav,

— trifurcata. L. Diese Art zeichnet sich durch ihre größern, glockenförmi-
gen, dunkel rosenrothen und mehr geöffneten Blumen vor den übrigen besonders aus.
Nach Linn. sollten die Blumen blau seyn;
sie werden aber erst beim Verblühen mehr
blauroth.

Hieracium porrifolium. L.

Holcus Durra, Forsk,

Inula ensifolia. L,

Kyllinga triceps. L,

Lachenalia pendula, Jacq,

— tigrina, Jacq,

Lopezia mexicana, Jacq,

Lysimachia Ephemerum, L,

Moluggo verticillata. L,

Myrsine africana. L,

Nepeta Nepetella. L. Eine besonders zier-
liche Pflanze, deren schönblaue, mit Purpur-
flecken gezeichnete Blumen einen 5 bis 6
Zoll

Zoll langen, lockern Strauß bilden, und
ihre lanzetförmigen, der Länge nach faſt
zuſammengelegten, weißlichen Blätter, deren Zähne durch ſcharfwinklichte Buchten
oder Falten deutlich von einander abgeſon-
dert werden, geben dieſem kleinen Strauch,
deſſen ganze Höhe ohngefähr 10 bis 11 Zoll
beträgt, ein ganz eignes, zierliches Anſehen. Die Vermehrung geſchieht häufig
durch Saamen.

Nigella hispanica. L. Die Blumen, welche
durch ihr vortrefliches Blau die N. damas-
cena weit übertreffen, ſind auch größer,
breitblättriger, nie gefüllt, und haben zehn
Staubwege, welche nebſt den Staubfäden
dunkel purpur ſind. Die Blättchen der
Honigbehältniſſe ſind, wie bei N. arvensis,
mit gelben und purpurfarbigen Querſtrei-
fen gezeichnet; ihre in ſchmale Querſtücke
vielmal getheilten Blätter ſind mehr rück-
wärts gerollt. Sie iſt, wie die andern
Arten, ein Sommergewächs, verdient aber
wegen

wegen ihres schönen Baues, ihrer Farbe
und Größe der Blumen besondere Bemerkung. Man hat bei ihrer Behandlung
sie hauptsächlich vor vieler Feuchtigkeit zu
bewahren.

Ornithogalum aurantiácum. Jacq. Ist wegen ihrer großblumigen, orangengelben,
fast feurigen Blumentraube die prächtigste.

Othonna crassifolia. L.

Papaver nudicaulis. L. Ist perennirend, und
treibt 1 bis 1½ Schuh hohe einfache Blü-
thenstengel, mit schwefelgelben Blumen.

—— sinensis. Thunb.

Phylyca paniculata. Wilden.

Physalis barbadensis. Jacq.

—— solanifolia.

Plantago crassifolia. Roth, ist P. crassa, Wild.

—— exigua. Murray. ist P. pumilia bei
Wild.

—— virginiana. L.

Potentilla rupestris. L.

Prinos verticillata. L. mas. et fem.

Prunella grandiflora. Roth.

— laciniata. L. Hat blaßgelbe Blu=
men.

Psoralea annua. Thunb.

— bracteata. L. Die an den Enden
der Zweige, aufrecht stehenden, eirunden,
gedrängten, köpfigen, vorzüglich schönen
blauen Blumenbüschel, an denen die ganz
weißen Unterlippen der Blumen sich be=
sonders auszeichnen, geben dieser Pflanze
unter den übrigen Arten dieser Gattung
einen Vorzug.

Salvia abyssinica. Jacq.

— Horminum. L.

— nemerosa. L.

— pomifera. L. Die Pflanze, welche
sich unter diesem Namen hier befindet, ist
ein ohngefähr 5 bis 6 Jahr altes und 4
Schuh hohes Bäumchen, dessen eirunde
Blätter am Rande Kraußenartig gefaltet
sind.

sind. Sie hat, ohngeachtet ihres Alters, dieses Jahr zuerst geblühet. Ihre Blumenrispe kömmt ganz mit S. officinalis überein, außer daß die Blumen mehr blaßblau, und die Kelche nicht gefärbt sind. Doch scheint es nicht ganz die wahre S. pomif. Linn. zu seyn, indem die Zähne des Kelchs nicht stumpf, sondern eben so spitz wie bei S. offic. sind, welches doch eigentlich der entscheidende Charakter seyn soll.

Salvia spinosa. L.

— thymiflorus.

Scilla bifolia. L.

Scutellavia albida. L.

Senecio rigidus. L.

— triflorus. L.

Sesanum orientale. L. Diese Pflanze wird in Aegypten, Jamaica, Arabien, China, Japan und Java, wegen der vielfältigen Nutzbarkeit und des Oels ihrer Saamen, beson-

besonders geschätzt und häufig angebaut, woselbst man sie theils zum Backen, Brennen, und zur Arzenei anwendet. Sie ist ein Sommergewächs, und scheint nur bei warmer Witterung bei uns im Freien fortzukommen.

Sida periplocifolia.　L.

— triloba.　Cav.

— triquetra.　L.

— urens. · L. Die Beschreibung des Linné stimmt nicht ganz mit gegenwärtiger, unter diesem Namen erhaltenen Pflanze überein, ob schon die an Stengel, Blumenstielen und Kelchen etwas einzeln stehende, lange, an den Blättern aber dichtere, kurze und mehr liegende, steifborstige Begleitung ihr ganz das Ansehen des Brennens giebt, so kann man doch zu keiner Zeit durch Berührung etwas empfinden. Der zweite Charakter linn. mit auf der Spitze des Stammes stehenden, vielblumigen, in einen Kopf zusammengedränge-

drängten Blumenstielen, kömmt ihr ebenfalls nicht gleich, da bei dieser die bis
1½ Zoll langen Blumenstiele von unten
auf durchgehends in den Blattwinkeln einzeln, aber selten gepaart stehen. Uebrigens
sind ihre Blätter wie bei S. urens Linn.
herzförmig sägenartig gezahnt, und die
Frucht und Blattstiele dunkel purpurfarbig.
Der besondere regelmäßige Schlaf dieser
Pflanze, welcher bei den übrigen Arten
nicht so deutlich zu bemerken ist, macht sie
merkwürdig. Die Richtung der 1 bis
⁵⁄₄ Zoll langen Blattstiele ist unveränderlich, am untern Theil des Stengels ganz
horizontal, doch nach der Spitze zu immer
aufrechter. Die Richtung der Blätter,
welche ohngefähr 1 bis 1½ Zoll Länge haben, ist etwas gewendet, fast senkrecht hän-
gend; die dem untern Theil des Stengels
sich nähernden aber mehr horizontal vom
Stamme abwärts gestreckt. Alle Blätter
bewegen sich bei Näherung der Abendstun-

den

den nach dem Stamme unterwärts zurück, und schließen endlich ganz an den Blattstiel an. Diese wagerechte Richtung der Blätter, deren untere Flächen weißlichgrün und nun nach oben gekehrt sind, geben der Pflanze ein seltnes Ansehen; sie verändert sich aber nach Sonnenaufgang bald, und strecket sich wieder nach ihrer ersten Lage aus.

Sida urticifolia.

Sideritis elegans. Murray.

Silene antirrhina. L.

Spartium monospermum. L.

Spermacoce tenuior. L.

Statice coronata.

Teucrium campanulatum. L.

Theligonum Cynocrambe. L.

Thymus alpinus. L.

Trifolium rubens. L.

—— subterraneum. L.

Verbas

Verbascum phoeniceum. L.

Veronica hybrida.   L.

— humillima, ist V. tenella.   Wild.

— incana. L.

— montana. L.

— pinnata. L.

XI.

Verzeichniß

einiger

ausländischen Pflanzen,

welche

in dem Königl. Churfürstl. Garten

zu Herrenhausen

1798 geblüht haben.

Anagyris aphýlla.

Annona africana.

Banksia dentata. L.

Besleria mollissima.

Bignonia capreolata. L.

Brunsfelsia americana. L.

Budleja salicifolia. Jacq.

Büttnera

Büttnera scabra. L.

Euphthalmum seriseum.

Eine schöne Pflanze, die sich durch ihr reich= liches Blühen sehr empfiehlt.

Camellia japonica. L.

Diese Pflanze ist mit Recht jedem Besitzer eines Glashauses zu empfehlen, besonders wenn er ihr im Winter einen Platz in ei= nem warmen Hause geben kann, was mit 50 oder 60 Grad nach Fahrenheit geheizt wird. In diesem Fall hat man das Ver= gnügen, sie um Weihnachten blühen zu sehen. Wird sie gehörig gewartet, so setzt sie auch Saamen an, welches hier schon einige Jahre der Fall war; woraus ich ersehen habe, daß die Camellia und Thea wohl nie ein Genus ausmachen.

Carthamus salicifolius.

Chironia latifolia.

Sie ist der Ch. frutescens ähnlich, aber in allem größer und dicker. Den Garten= liebhabern

liebhabern ist sie wegen ihrer häufigen und schönen Blumen zu empfehlen.

Chrisanthemum indicum.

Clethra arborea.

Ericae. Von diesen haben 108 Sorten geblühet.

Gorteria? squarrosa. L.

Hermannia tomentosa.

     — candicans. Jacq.

Jatropha multifida.

     — urens.

     — manihat.

Sie hat eine gelbe, glockenförmige, auswendig glatte, inwendig wollige Blumenkrone, welche größer ist als der Kelch. In den männlichen Blumen sind 10 Staubfaden, welche zusammengewachsen sind, wovon aber 5 beinahe bis an die Basis gespalten und kürzer als die übrigen 5 zusammengewachsenen sind, welche so lang als die Blumenröse sind und mit ihren Beuteln hervorstehen. Diese 10 Staubfaden werden auf

auf der Baſiß von einem dunkelgelben Nek=
tarkranz umgeben. — In den weiblichen
Blumen befinden ſich 5 Staubbeutelloſe
Staubfaden, welche zwiſchen dem Nektar=
kranz ſitzen. Der Fruchtknoten iſt länglicht
und der Griffel einfach mit dreiſpaltiger ge=
bogener Narbe.

Illicium anisatum.

Justicia formosa,
    — coccinea, } mit ſehr ſchönen Blumen.
    — picta,

Laurus camphora.

Er hat hier ſchon verſchiedene Jahre ge=
blüht; die Blumen weichen aber mit ihren
Staubfaden von der Figur, welche Jacq.
in ſeinen Collect. von L. camphora giebt,
bei der hieſigen in ſo fern ab, daß unſere
Blumen auf ihren Staubbeuteln vier Deckel
haben, die ſich öffnen, dagegen bei Jaquin's
Figur an dem Staubbeutel zwei Faden
heraustreten, welche die Staubbeutel ent=
halten.

Mela-

Mélaleuca pubescens. Forst.

—— citrina, **eine schöne Glashauspflanze.**

—— nodosa?

Mimosa aspera. L.

Morinda Royoc,

Murraya exotica,

> **Die Blumen haben einen jasminartigen lieblichen Geruch,**

Oedera prolifera. L.

Passiflora murrucujá,

—— punctata,

—— biflora,

—— serratifolia,

—— quadrangularis.

Pelargonium echinatum,

> **Eine der am schönsten blühenden** Pelarg.

Polygala Heisteria,

—— major,

—— oppositifolia.

—— —— sericea.

Polygala

Polygala spinosa.

Pothos cordata.　L.

— lanceolata.　L.

Der Blumenstengel der P. cordata iſt lán-
ger als die Blätter, die Blumenkolbe ½
auch ¾ Fuß lang, 1 Zoll dick, braun, mit
länglichten rothen Beeren beſetzt, welche
1, auch 2 Saamenkörner einſchließen. Treten die Beere, wenn ſie reif ſind, aus der
Kolbe heraus, ſo hängen ſie an einer Na-
belſchnur, wie der Saame der Magnolia.

Protea rangifera von Botany-Bay.

Bei dieſer Pflanze hat ſich an den Blumen
ein kleiner Staubfaden gezeigt, welcher an
der Baſis des Blatts befeſtiget, und mit
einem ſtaubloſen Beutel verſehen war.

— torta.

Hat an der Baſis eines jeden Blumen-
blatts einen Zahn, welches vermuthen
läßt, daß es verkrüpelte Staubfaden ſind.

— mellifera.　L.

Protea

Protea speciosa angustifolia.

— imbricata. Thunb.

Auch bei dieser finden sich die vier verkrüpelten Staubfaden.

Pulthenea daphnoides. } von Botany-Bay.
— spiralifolia. } von Botany-Bay.

Rosa bracteata aus China.

Die Blume ist weiß, wohlriechend, die Blumenblätter herzförmig, und der Fruchtknoten mit gefranzten Deckblättern bedeckt.

— semperflorens pallida.

Solanum vespertilionis. Ait.

Sophora tomentosa.

— microphylla.

Mit großen gelben Blumen.

Stapelia revoluta. Masson.

Urtica crassifolia.

Zerumbet speciosa.

Eine schön blühende Pflanze.

Wendland.

XII.

XII.

Verzeichniß einiger Pflanzen,

welche

im Jahr 1797

in

dem Gräfl. Mittrowskyschen Garten

zu Brünn

geblühet haben.

Abroma angusta. L. Jacq. hort. 3. tab. I.

Achillea ligustica. Allion. fl. pedem. tab. 53. fig. 2.

— — tanacetifolia. Allion. fl. pedem. tab. 53. fig. I.

Amorpha pubescens. Willd.

Arenaria austriaca. L. Jacq. fl. austr. tab. 270.

— — liniflora. L. Jacq. fl. austr. tab. 445.

Boerhavia

Boerhavia erecta. L. Jacq. hort. 1. tab. 5. 6.
— — hirsuta. L. Jacq. hort. 1. tab. 7.
Bromelia humilis. L. Jacq. hort. 1. tab. 60.
Calceolaria pinnata. L.
Cacalia villosa. Jacq. ic. pl. rar. tab. 580.

Die vom Herrn Hofgärtner Seidel, im vorigen Bande pag. 205. angeführte Pflanze ist nach der Beschreibung wohl sicher die nämliche. Die Blätter wechseln öfters ab, und nach der Gmelinischen Diagnose ist die Bestimmung noch schwerer. Jacquin sagt l. c. caule herbaceo; tota villosa et asperula; foliis lyratis: inferioribus petiolatis, superioribus amplexi caulibus, summis lanceolatis.

Capraria biflora. L.
Cestrum diurnum. L.
— — laurifolium. L'Herit. stirp. nov. tab. 34.
Cheiranthus tricuspidatus. L.
Chenopodium bengalense. Jac.

Diese

Diese Pflanze erreicht eine Höhe von 6 bis 8 Fuß in guter Gartenerde; allein hier trägt sie keinen Saamen. Man ist daher genöthiget, einige Pflanzen in Töpfe zu setzen, wo sie sparsam wachsen, und reichlich Saamen tragen.

Chloris radiata. Swarz.

Chondrilla hieratioides. Roth. Catal. Bot. pag. 101.

Chrysanthemum alpinum. L.

—— —— —— atratum. L.

Clematis angustifolia. Jacq. hort. 2. tab. 104.

C. erecta; foliis pinnatis, recurvis; foliolis lineari-lanceolatis; floribus polypetalis.

Clematis glauca. Willd. berl. Baumz. tab. 4. fig. 1. a. 6.

Colutea herbacea. L.

—— perennans. L.

Beide Arten verdienen von diesem Geschlecht getrennt zu werden, denn erstens sind

sind ihre Hülsen nicht aufgeblasen (infla-
tum) und zweitens öffnen sie sich nicht an
der Basis, sondern vielmehr an der Spitze.

Commelina longicaulis. Jacq. ic. rar. tab. 294.

Conyza saxatilis. L.

Corchorus hirtus. L.

— — siliquosus. L.

— — trilocularis. L.

Cornucopie cuculatum. L.

Crambe filiformis. Jacq. ic. rar. tab. 504.

    C. suffruticosa; foliis inferioribus pinna-
tis, scabris; pinna extima subrotunda,
magna.

Crambe tataria. L. Bloß als ein Beitrag zu
Deutschlands Flora setze ich diese bei; sie
wächst hier in Mähren häufig auf der Naf-
seblowitzer Heide.

Cortalaria capensis. Jacq. hort. 32. tab. 64.
    In Linn. syst. veget. ed. 14. unter C. in-
canescens.

Cucubalus strictus. Roth. Catalect. Bot. p. 50.

                           Delphi-

Delphinium, urceolatum. Jacq. ic. rar.
    | tab. 101.

Duranta Plumieri. L. Jacq. ic. rar. tab. 502.

Echium candicans. Jacq. ic. rar. tab. 30.

Erodium trilobatum. Jacq. ic. rar. tab. 508.
    E. pedunculis multifloris; foliis cordatis,
    subrotundis tripartitis, hirsutis, serratis.

Euphorbia carniolica. L.

—   —   cyathophora. Murr. Die von Jac-
    quin Icon. pl. rar. tab. 480. abge=
    bilbete E. heterophylla ift E. cyathopho.
    ra, welches Jacquin felbft bei ber Diagnose
    berichtiget.

—   —   literata. Jacq. ic. rar. tab. 482.
    E. umbella quinquefida; trifida; bifida;
    involucellis ovatis; foliis lanceolatis, sub-
    pilosis, obselete ferrulatis; petalis inte-
    gris; radice annua.

Ferula tingitana. L.

Geranium argenteum. L. Jacq. ic. rar.
    tab. 546.

Gla-

Gladiolus gramineus. L. Jacq. ic. rar. tab. 236.

G. corolla tubo brevissimo; lacmus sub.

, aequalibus aristatis; scapo paniculata.

Gladiolus iridifolius. Jacq. ,ic. rar, tab. 234.

G. corollis infundi buliformibus. limbi laciniis aequalibus; foliis ensiformibus, dictichis, rectis.

Hieratium grandiflorum. Allion fl. pedem. nro.

794. tab. 29. fig. 2. 3.

Ift H. auri montanum. Schranck fl. bar. pag. 332. und H. Sprengerianum Krock fl. Siles. n. 11294.

Ipomea bona nox. L.

— — hederacea Jacq. ic. pl. rar. tab. 36.
Schon oft erhielt ich diese Pflanze unter dem Namen Convolvulus Nil.

— — luteola. Jacq. ic. pl. rar. tab. 35.
J. foliis cordatis, acuminatis, subangulatis; pedunculis primum dichotomis, deiu racemosis.

— — Pes trigidis. L.

Ipomea

Ipomea Quamoclit. L.

— — solanifolia. L.

— — triloba. L.

Justicia ciliaris. L.

— — periplocifolia. Jacq. collect tom. 5. tab. 7. fig. 2.

Lantana radula. Swarz.

Laserpitium archangelica. Jacq. ic rar. tab. 58
L. foliolis ovatis lanceolatisque serratis hirsutis integris lobatisque. Wulffen.

Laserpitium pencedanoides. L. Jacq. ic. rar. tab. 349.

Medeola asparagoides. L.

Melianthus minor. L.

Monarda punctata. L.

Ornithogalum caudatum. Jacq. ic. rar tab. 423.
O. filamentis tribus basi ovatis; tribus lanceolatis; ravemo longissimo; foliis lanceolato-linearibus, apice longe subulatis et teretibus.

Paspa-

Paspalum racemosum. Jacq. ic. rar. tab. 302.

P. spiculis numerosis, pedicellatis, in racemum elongatum ordinatis.

Pelargonium balsameum. Jacq. ic. rar. tab. 543.

P. umbellis paucifloris; foliis quinquepartitis, hirtulis; lobis lanceolatis, acutis, incisis, digitalis; caule fruticosa.

Pelargonium betulinum. L.

— — bicolor. L.

— — exstipulatum. L.

— — denticulatum. Jacq.

— — hermannifolium. L.

— — scabrum. L.

— — tabulare. L.

— — ternatum. Jacq. ic. pl. rar. tab. 544.

Perilla ocymoides. L.

Plantago crispa. Jacq. collect. 5. tab. 16.

Prunus cerasifera. Ehrh.

Psoralea phymatodes. Jacq ic. rar. tab. 565.

P.

P. foliis pinnatis; foliolis subtus glandu-
lose tuberculatis; pedunculis spicatis,
axillaribus et terminalibus.

Psoralea tenuifolia. L.

Rhus viminale. Aiton.

Ribes cynosbati. L.

— diacanthum. L.

— floridum. L' Herit.

— petraeum. L.

Robinia Halodendron. L.

Salvia ceratophylloides. L.

— indica. L. Die vom Herrn Hofgärtner
Seidel im vorigen Bande pag. 227 ange=
führte Salvia virgata ist der Beschreibung
nach Salvia indica; denn die Blumen der
Salvia virgata sind weiß.

Scoparia dulcis. L.

Senecio verbenafolius. Jacq. hort. I. tab. 3.

Sida atro sanguinea. L.

— carpinifolia. L.

— occidentalis. L.

Sida palmata. Cavan. Diese kömmt in der Gmelinischen Ausgabe des Linneischen Natursystems, pag. 1049 zweimal vor. Erstens als Sida palmata, und zweitens als Sida jatrophoides. Ohngeachtet schon Aiton in seinem Hort. Kew. II. pag. 443. bei der Sida jatrophoides, L'Herit. die Sida palmata Cavan. citirt.

— umbellata. L.

Spirea ulmifolia. Scop. Die vom Herrn D. Willdenow in seiner Berlinischen Baumzucht geäußerte Vermuthung, daß vielleicht die Spirea media in Schmidts österreichischer allg. Baumzucht tab. 54. diese sei, bestätiget sich nicht. Die Spirea chamaedrifolia tab. 53. ist die Sp. ulmifolia Scop. und die Sp. media. tab. 54. die Sp. chamaedifol. L.

Strumaria linguaefolia. Jacq. ic. rar. tab. 356. styli struma cum filamentis connata, utrinque acuta, foliis linguaeformibus. Descriptio.

Cal.

Cal. Spatha bivalvis; valvulis lanceolatis, acutis, integerrimis, erectis.

Cor. Setala sex, anguste lanceolata, obtusula, aequalia, patentissima, supera.

Stam. Filamenta sex, subulata, erectiuscula, longitudine corollae, basi connata in unum corpus sex sulcatum, et tria alterna ibidem connata cum stylo. Anthera oblonga, incumbentes.

Pist. Germen inferum, subrotundum, parvum. Stylus paulo supra basin incrassatus, ..et trisulcato conicus, dein filiformis erectus, longitudine staminum. Stigma trifidum; laciniis linearibus, patentissimis.

Ger. Capsula subrotunda, triquestra, trilocularis, trivalvis.

Sem. pauca, subrotunda, magna.

Trades-

Teucrium betonicofolium.   Jacq.

Tournefortia volubilis.   L.

Tradescantia cristata.   L.

Waltheria indica. Jacq. ic. rar. tab. 65.

Xanthorhiza apiifolia.   L' Herit.

Xanthium virginianum.   Schreb.

𝕾𝖈𝖍𝖔𝖙𝖙.

XIII.

XIII.

Versuche und Beobachtungen, wie von der Lobelia cardinalis, dem Rhododendron ponticum, der Bromelia ananas, und mehreren andern ausländischen Pflanzen, die bei uns keinen oder nur höchst selten Saamen tragen, gute Saamen erzogen werden können.

1) Bei der Lobelia cardinalis, wenn ihre Blumen sich aufgeschlossen haben, treten die Stempfel durch die zusammen gewachsenen Staubbeutel hervor, und drücken, bevor sich ihre Stempfelnarben geöffnet haben, den Blumenstaub mit heraus, je nach Beschaffenheit der Witterung. Erst einen bis zwei Tage nachher öffnen sich diese Narben der Stempfel, und wenden

den

den sich nach der Erde, auf diese Weise geht der Blumenstaub verloren, und wir müssen auf Saamen Verzicht thun.

Dieser Umstand bewog mich auf ein Mittel zu denken durch Kunst der Natur zu Hülfe zu kommen, um eine Befruchtung hervor zu bringen. Das Mittel dieses zu bewerkstelligen ist folgendes.

Da bekanntlich die Blüthezeit dieser Pflanze vier bis fünf Wochen, öfters auch noch länger dauert, so darf man nur den Blumenstaub, von einer der nächst obern Blumen, wo der Stempfel solchen bereits nahe an die Mündung der Röhre hervor gedrückt hat, (welcher sich leicht ohne der Blüthe zu schaden, durch einen gelinden Fingerdruck, heraus bringen läßt,) auf einen kleinen Pinsel laden, und auf die geöffnete untere Narbe bringen, und auf diese Art, wie die Blumen und Narben sich nach und nach öffnen, so lange damit fortfahren, als man Saamen hievon zu erhalten wünscht.

2)

2) Bei dem Rhododendron ponticum ragt der Stempfel über die Staubbeutel empor. Der Blumenstaub besteht aus einem klebrichten Wesen, welches, wenn es seine gehörige Reife erreicht hat, an den Fingern, oder mehrere andere Körper, wenn man mit denselben die Mündungen der Staubbeutel berührt, heraus tritt, und sich anhängt. Es kann sich also der Pollen nicht wie bei vielen andern Pflanzen, über die Narben ausstreuen.

Um auch hier wieder durch ein künstliches Mittel eine Befruchtung hervor zu bringen, darf man nur folgenden Weg einschlagen.

Wenn man die Reise des Blumenstaubs bemerkt, so nehme man die Staubfäden samt den Beuteln behutsam herunter, und berühre mit den Mündungen derselben die reifen Narben, sogleich wird der Blumenstaub heraustreten, und auf den Narben hängen bleiben.

Es ereignet sich auch öfters, daß in mehreren Blumen keine fruchtbare Staubbeutel vorhanden

handen sind. Wenn dieser Fall eintritt, so müssen solche auf andern Blumen, oder auf einem andern Strauche der nehmlichen Art, aufgesucht und von einer Blüthe zur andern gebracht werden.

3) Bei der Bromelia ananas sind öfters keine fruchtbare Staubbeutel vorhanden, wo demnach auch keine Befruchtung statt finden kann, doch bisweilen, nach Beschaffenheit der Witterung, wenn solche zu einer gelinden und warmen Jahrszeit in die Blüthe kommen, sind öfters auch fruchtbare zugegen; aber die Lage derselben ist niederer als die Narben, welche über dieselben empor stehen, und öfters, besonders bei einigen Spielarten, zu sehr in die Kronblätter eingepreßt sind, daß solche sich nicht öffnen können.

Wenn daher der Blumenstaub bei diesen nicht eben so künstlich auf die Narben gebracht wird, (da diese Pflanzen bei uns bekanntlich in Glashäusern und Treibkästen unterhalten werden

den müssen, wo die Luft und Insecten *) keinen
freien Zugang haben,) so kann bei ihnen keine
Selbstbefruchtung Statt finden. Auch von die=
sen habe ich schon mehrmalen gute Saamen ge=
zogen.

4) Bei dem Geranium tetragonum, ful-
gidum, glaucum, hispidum, flavum, tricus-
pidatum, und vielen andern ausländischen
Storchschnäbeln, wenn solche in die Blüthe
kommen, entwickeln sich zuerst die Staubbeutel,
und fallen öfters ein, zwei, bis drei Tage vorher
ab, ehe sich die Narben öffnen. Wenn daher
der Blumenstaub nicht von andern später geöff=
neten

*) Bei den Feigenbäumen geschieht die Befruch=
tung bekanntlich durch Insecten. Wegen der
ungleichen Reife und Lage der Fructificatious-
Theile an vielen andern Bäumen und Pflan=
zen kann auch ohne dieselben keine Befruch=
tung Statt finden. Die Ursache also, daß meh=
rere keine Saamen bei uns tragen, kann da=
her wohl nur dem Mangel der Insecten aus
jenen Gegenden, die mancher Pflanze eigen
sind, zugeschrieben werden.

neten Blumen, auf die früher geöffneten, ent-
wickelten Narben getragen wird, oder dieser
nicht durch ungefähren Zufall dahin kömmt, so
erhält man keinen Saamen davon."

5) Bei dem Hibiscus canabinus, radiatus,
Cavanill. und andern Eibisch Arten, stehen
die Narben höher als die Staubbeutel. Die
meisten dieser Pflanzen müssen in Glashäusern
und Treibkästen unterhalten werden, wo auch
bei diesen die Luft und Insecten keinen freien
Zugang haben, mithin auch die meisten Blumen
unbefruchtet abfallen, wenn die Befruchtung
nicht künstlich geschieht.

6) Bei der Salvia formpsa L'Herit.
und mehreren Salbeiarten, sind die Staubbeutel zu sehr in die Oberlippe der Kronblätter eingepreßt und die Narben stehen vor dieselben heraus; wenn daher der Blumenstaub nicht heraus
genommen und auf die Narben gebracht wird,
so erhält man auch hiervon keinen Saamen.

7)

7) Bei der Chironia frutescens und linoides, ist der Blumenstaub zu sehr in die horn=
artige Bedeckung der Staubbeutel eingeengt, welche sich bei ersterer noch außer diesem stark zusammendrehen, daß solcher nicht herausdrin= gen kann. Wenn daher der Blumenstaub, (wel= cher sich vermittelst eines hiezu geschnittenen Fe= derkiels, oder eines kleinen Federmessers, aus den auf beiden Seiten befindlichen Furchen oder Näthen der Staubbeutel, heraus nehmen läßt,) heraus genommen und auf die Narben gebracht wird, so können auch hievon gute Saamen ge= zogen werden. Bei diesen ist aber zu bemerken, daß die Befruchtung bei gelinder und heiterer Witterung einige Male wiederholt werden muß. Das nehmliche ist auch bei mehreren andern, wenn die Kronblätter und Stigmaten nicht bald dar= auf verwelken, oder abfallen, *) zu beobachten.

8)

---

*) Das frühere Abfallen oder Verwelken der Kronblätter und der Stigmaten, ist meistens ein sicheres Zeichen, daß man auf guten Saa= men zu hoffen hat. Bei dem Geranium zetrago= num, geschieht solches öfters schon ein und eine

8) Von der Martynia annua, an welcher die meisten Blumen unbefruchtet abfallen, bei der Lychnis coronata, und noch vielen andern Pflanzen, wo die Frutificationstheile nicht, oder fehlerhaft sind, und der Mangel der Befruchtung nur von der ungleichen Lage und Reise dieser Theile herrührt, können durch künstliche Befruchtung gute Saamen bei uns erzogen werden.

9) In dem Linneischen Pflanzensystem, ist das Maulbeer-Geschlecht in die 21. Classe Monoecia geordnet. Bei dem Morus nigra, rubra und papyrifera aber, habe ich bei vieljähriger Beobachtung die Geschlechtstheile immer ganz

halbe bis zwei Stunden nachher, wo hingegen andere Blumen an der nehmlichen Pflanze, die sich zu gleicher Zeit geöffnet haben, und nicht befruchtet worden sind, noch drei, vier bis fünf Tage lang blühen. Bei dem Rhododendron ponticum geschieht solches 16 bis 24 Stunden nachher, und bei der Chiroma frutescens und linoides dauert es vier bis sechs Tage lang, ehe solche verwelken.

ganz getrennt gefunden, nur bei dem Morus
alba habe ich; — jedoch nur selten — Fliche
und Pliche, bisweilen auch fruchtbare Zwitter-
kätzchen auf einem Baume wahrgenommen.
Auch habe ich bei diesen an einigen Bäumen
bemerkt, daß solche seit vielen Jahren immer
einzelne Aeste mit lauter Flichen, und wiederum
einzelne Aeste mit lauter Plichen Kätzchen auf
einem Baume getragen haben; meistens sind
aber auch bei diesen die Bäume ganz getrennt.
Wenn daher bei den Maulbeerbäumen nicht
beiderlei Geschlecht nahe zusammen gepflanzt
wird, so erhält man nur äußerst selten guten
Saamen hievon.

Ich will hier einen Zufall anführen, der
mir mit dem rothen Maulbeerbaum vor mehreren Jahren begegnete.

Ich hatte nehmlich von diesen mehrere junge
Bäume, die aus amerikanischen Saamen erzogen waren, in einer Baumschule beisammen stehen, die verschiedene Jahre Früchte trugen. Von
diesen ließ ich den Saamen sammlen und aus-
säen.

ſden. Er keimte mir auch jedesmal ſehr gut auf, und ich erzog daraus viele junge Bäume.. Als aber jene Bäume zu ſtark in der Baumſchule wurden, ſo verſetzte ich ſolche auf verſchiedene weit von einander entfernte Plätze, und ließ nur zwei der ſtärkſten Bäume (zur Vorſicht, um in Zukunft meinen nöthigen Saamen davon zu ſammlen, und darin nicht unterbrochen zu werden,) in der Baumſchule unverſetzt ſtehen. Dieſe beiden Bäume trugen zwar nachher wieder Früchte; wovon ich den Saamen zwei Jahre nach einander ſammlen ließ, und ausſäete, aber aller Mühe ungeachtet konnte ich ihn niemals mehr zum Aufkeimen bringen.

Als ich nachher dieſe Bäume in der Blüthe unterſuchte, fand ich ſolche ganz getrennt. Beides waren ♂liche Bäume, zu welchen ich, um wieder guten Saamen davon zu erhalten, genöthiget war, ♀liche Bäume zu ſetzen.

Bei dem Morus rubra, nigra *) und papyriſera,

*) Der Ritter Linné bemerkte an dem ſchwarzen Maulbeerbaum ganz getrennte Bäume, und iſt

rifera, sind die Zlichen Bäume von den Flichen ziemlich an ihren Blättern verschieden, und können schon in ihrer Jugend, ehe sie blühen, oder Früchte tragen, dadurch von einander meistentheils unterschieden werden.

Die Blätter der ersteren haben immer mehrere Einschnitte, und sind weit mehr getheilt, als die der letztern, welche sich meistentheils durch ganz ungetheilte Blätter unterscheiden.

Die

wahrscheinlich durch Miller, der behauptete, daß Zliche und Fliche Blüthen auf einem Baum vorhanden wären, verleitet worden, solchen in die 21. Classe Monoecia zu ordnen. Bei diesem und vielleicht auch bei andern, kann es sich eben so, wie ich bei dem weißen Maulbeerbaum beobachtet habe, verhalten, und dann müßte das Maulbeergeschlecht in die 23. Classe Polygamia trioecia hinüber wandern. Aber wegen der sichern Erziehung guter Saamen von ihnen, wenn die Bäume nicht einzeln ausgesetzt werden, und weil solche meistentheils ganz getrennt sind, dürften solche meines Erachtens, mit mehrerem Recht, in die 22. Classe Monoecia aufgenommen werden.

Die Verschiedenheit der Blätter an den
ßlichen und ßlichen Bäumen, ist auch außer
Zweifel viel Ursache, daß man öfters in verschiedenen Pflanzenverzeichnissen, neue Maulbeer-
arten aufgestellt findet.

So wird z. E. der ßliche Baum vom Morus nigra, an vielen Orten für eine besondere
Species Morus laciniata angegeben, dafür ver-
sendet und verkauft.

Eben so mag es sich auch, mit dem Morus
papyrifera verhalten. Von diesem habe ich
unter vielen Hunderten, die ich an mehreren
Orten untersucht habe, nur einmal ßliche Bäume, und zwar in dem botanischen Garten zu
Orford in England, wo er sich häufig durch
Wurzelausschläge vermehrt hatte, und voller,
aber unreifer Früchte stand, gesehen.

Ich habe schon einige Maße an Handelsgärtner nach England geschrieben, mir ein
Bäumchen davon zu verschaffen, erhielt aber
jedes-

jedesmal zu meinem Verdruß, nur den ♂lichen, den ich schon lange in Menge besaß.

Ich bemerke letzteres nur deswegen für diejenigen, die solchen nicht besitzen, aber doch zu besitzen wünschen, und allenfalls Bekanntschaft oder Freunde in Oxfort haben, oder eine Reise dahin machen, führe ich dieses an, um ihre Aufmerksamkeit darauf zu richten. Sollte sich derselbe allenfalls irgendwo in einem Garten von Deutschland befinden, so würde ich ihn gern zu einem billigen Preis bezahlen, oder mehrere andere beliebige Bäume oder Pflanzen gegen Tausch dagegen senden.

Es läßt sich dieser Baum leicht durch die Wurzeln vermehren.

Im Frühjahre nehmlich, wenn keine starke Kälte mehr zu befürchten ist, nimmt man von seinen Wurzeln, die er entbehren kann, und die ohngefähr einen starken Federkiel bis einen Finger dick sind, heraus, schneidet solche etwa einen Schuh in der Länge, Stückweise, und pflanzt

Y   sie

sie hierauf in ein hiezu bereitetes Gartenland,
etwa einen halben Schuh weit von einander,,
und läßt den obern Theil ohngefähr einen Zoll
über die Erde heraussrogen, wo sie sodann, wenn
sie etwas mäßig feucht erhalten und vom Um=
kraut rein gehalten werden, sehr bald ausschla=
gen und neue Stämme treiben, die schon iim
zweiten Jahr versetzt, und in die Baumschuile
gebracht werden können.

Noch ist hiebei zu bemerken, daß diese Bäu=
me, besonders in ihrer Jugend, in unserm Klli=
ma von der Kälte bisweilen Schaden leiden, umd
bei strenger und kalter Witterung beschützt weer=
den müssen.

Carlsruhe.

Schweykert..

XIV.

XIV.

Ueber die Wartung der Pflanzen

vom

Vorgebirge der guten Hoffnung.

Die Verschiedenheit des Bodens sowohl, als
der Witterung auf dem Vorgebirge der guten
Hoffnung; macht es schwer, eine allgemeine Regel zur Behandlung der dortigen Pflanzen für
unser Klima anzunehmen. Die Nachrichten
über die dasige Witterung sind fast in allen Rei-
sebeschreibungen so unvollständig, so nach dem
Gefühl beurtheilt, daß man nie sicher darauf
rechnen kann. Der Standort der Pflanzen ist
seltenen bestimmt angegeben; man begnügt sich
damit, daß sie am Vorgebirge wachsen; ob in
dem südlichen oder nördlichen Theile, auf Bergen oder in Thälern, darüber kommen sehr we-

nig

nig Nachrichten vor; und doch würde uns dieses sehr viel bei Wartung der dortigen Pflanzen nützen. Diesem abzuhelfen ist wohl kein anderes Mittel, als wenn Gärtner und Gartenliebhaber ihre Erfahrungen öffentlich bekannt machen. *)

In dieser Rücksicht wage ich es, meine Behandlungsart der dort einheimischen Pflanzen hier vorzulegen. Fehle ich, so wird es mir angenehm und lehrreich seyn, wenn erfahrne Männer mir meine Fehler gründlich widerlegen, und eine bessere Methode bekannt machen. Dadurch wird die botanisch = practische Gärtnerei unendlich viel gewinnen, und mancher Pflanzenliebhaber wird in der Zukunft sein Geld nicht so oft umsonst ausgeben dürfen, wenn er wissen wird, wie er diese oder jene Pflanze behandeln soll.

Nach

---

*) Deswegen wurde im vorigen Bande um Mittheilung hierher gehöriger Bemerkungen und Erfahrungen gebeten, welche Bitte ich nochmals wiederhole. Herrn Schott sage ich für die Mittheilung der seinigen verdienten Dank.

A. d. H.

Nach meiner Erfahrung vertragen die mehreſten Pflanzen vom Vorgebirge der guten Hoffnung, eine Kälte von einem Grad bis 0. nach Reaumur, oder 28 bis 30 Grad nach Fahrenheit: ein ſtärkerer Grad von Kälte ſchadet ihnen gewöhnlich; wenn auch nicht plötzlich, doch in der Zukunft.

Den Sommer über vertragen ſie ſämtlich unſer Klima im Freien; den Winter über verlangen die mehrſten ein gewöhnliches Glashaus, wo die Kälte nie unter 0. und die Wärme nicht über fünf oder ſechs Grad nach Reaumur ſeyn darf. Meine Behandlung im Winter iſt kürzlich folgende:

So lange es im Herbſt die Witterung erlaubt, (öfters bis in die Mitte des Decembers) laſſe ich täglich die untern Fenſter öffnen, bis die Kälte ſo ſtark wird, daß das Thermometer auf 0 ſteht, alsdann ſuche ich die oben angeführte Wärme, ſo viel möglich immer gleich zu erhalten; iſt Sonnenſchein, ſo werden von zehn Uhr

Morgens

Morgens, bis Nachmittags zwei Uhr die Fenster
geöffnet, um frische Luft zu bekommen, welche
ihnen besonders zuträglich ist. Bei anhaltender
trüber Witterung suche ich durch angebrachte
Ventils die Luft in Bewegung zu setzen, und
durch Luftbleche *) die feuchte Luft aus dem
Hause zu bringen. Durch dieses Mittel habe
ich keinen Schimmel zu befürchten; und die sogenannte Grünfäule ist bei mir gänzlich unbekannt. Die viele Luft, die ich innen gebe, macht,
daß sie keine schwachen Triebe im Winter hervorbringen, auf welche gewöhnlich die Feuchtigkeit am ersten wirkt; daher oft viele Pflanzen
von oben herab zuerst verderben. Auch werden
sie nicht zu sehr durch ein beständiges Wachsen
abgemattet, sondern sie erhalten durch die viele
und öfters kalte Luft, eine Art Stillstand in
                                                    ihrem

*) Diese Bleche haben die Größe einer Glas-
   scheibe; und sind gleich diesen in das Blei ein-
   gesetzt und mit vielen kleinen Löchern versehen.
   Inwendig im Hause ist ein Blech, gleich einer
   Thüre vor, welches auf und zugemacht werden
   kann, je nachdem man frische Luft nöthig hat.

ihrrem Wachsthum, welches allen fortdauernden
Pflanzen so unentbehrlich ist. Die auf diese Art
behandelten Gewächse werden gewiß in dem
künftigen Frühjahre frischere und schönere Blätter und Blumen hervorbringen, als ihre Schwe-
stern, welche den ganzen Winter hindurch, in
mit mancherlei Ausdünstungen angefüllten Glashäusern eingesperrt waren.

Diese Behandlungsart ist aber bloß für schon
gänzlich erwachsene Pflanzen anwendbar; junge
spät aus Saamen aufgegangene sind zärter, und
können die eindringende kalte Luft nicht wohl
vertragen. Diese, so wie einige zärtliche oder
seltene, setze ich auf Bretter an die obern Fenster,
woselbst sie trockner und um etwas wärmer stehen; sie überwintern hier auch vollkommen gut.

Ich füge hier ein alphabetisches Verzeichniß
derrerjenigen Pflanzen vom Vorgebirge der guten
Hoffnung bei, welche diese Behandlung wohl
vertragen; die so etwas mehr Wärme lieben,
habe ich mit einem * bezeichnet.

Albuca.

Albuca.	Erigeron capensis.
Amaryllis.	*Exacum viscosum.
Anthericum,	Ferraria undulata.
Antholyza,	Galega capensis.
Arctotis.	Gladiolus.
Bluria.	Gnaphalium.
*Borbonia,	Gnidia.
Budleja.	Gorteria,
Cacalia.	Hermannia,
Calendula.	Hypoxis.
Celastrus.	Ixia,
Chrysocoma.	Lachenalia,
*Chironia.	*Mahernia.
Cineraria,	Malva capensis,
Clifortia.	Mesembryanthemum.
Clutia,	Moraea.
Cotyledon,	Ornithogalum.
-Crassula,	Osteospermum.
*Crotaria capensis.	Othonna.
Cyanella capensis.	Oxalis.
Diosma.	Pelargonium.
Erica.	Phylica,

Plec-

Plecctranthus.

Porrtulaca anacampfe-
     ros.

Prootea.

Psooralea.

Rhuus.

Royyena.

Selago.

Sideroxylon melano-
     pheum.

Strumaria.

Tanacetum flabellifor-
     me.

Zygophyllum.

Unter allen dieſen Geſchlechtern habe ich von den hier befindlichen Arten noch kein Bei= ſpiell. daß eine oder die andere durch Kälte zu Grunde gegangen wäre; ſondern ſie ſtehen alle, wie ſchon oben geſagt worden, vollkommen friſch. Die zärtlichſte unter dieſen iſt Crotalaria ca- penasis, die nie bei einem offnen Fenſter ſtehen darff, ſobald der Thermometer auf o ſteht. Alle übriigen haben es ausgehalten.

Schott.

XV.

XV.

Erklärung der Kupfer.

Die sechs vorstehenden Kupfer sind abermals
von der Erfindung des Herrn Klinsky und
von Herrn Darnstedt gestochen.

I.

Das Garten=Wohnhaus.

Ein Gebäude, das zwar keine große und weit=
läuftige Parthien, aber doch die nöthigsten Be=
quemlichkeiten enthält, die zu einem Sommer=
aufenthalte völlig hinreichend sind. Aus dem
Vorhause tritt man zur Rechten in ein Bedien=
tenzimmer, vor sich in den Speisesaal, aus diesem
in das Wohnzimmer des Herrn und dann in das
gemeinschaftliche Schlafzimmer. Neben dem Spei=
sesaal ist das Wohnzimmer für die Frau, und
hinter diesem befindet sich die Kinderstube, aus
welcher

welcher ein Durchgang ins Vorhaus führt. Die
Treppe führt oben wieder zu den drei artigen
Zimmern, die für einen Hauslehrer und zu Gaß-
zimmern oder zu anderem Gebrauch angewendet
werden können. Wer nicht verheirathet ist, oder
keine Kinder hat, könnte sich in diesem Gebäude
ein artiges Asylum mit einer Bibliothek und Na-
tur- und Kunstsammlungen einrichten. — Der
Haupteingang ist von der hintern Seite. Das
Lokale dieses kleinen Hauses ist so angenommen,
daß auf beiden Seiten sanfte Hügel anschließen,
die nicht höher sind als der Eingang. Es bildet
sich also hier, nach unserer Ansicht, noch ein dar-
unterliegendes Geschoß, zu welchem man unter
der Dachtreppe hinab, so wie auch mittelst einer
Treppe ins Freie gelangt.

Im Saal sind drei Glasthüren, die auf einen
Gang führen, welcher um das Gebäude herum
geht. Dem Hause zur Rechten ist hier ein Birkenwäldchen und zur Linken ein Obstgarten angenommen. Vor dem Hause ist der Blumen- und
Küchengarten, der eine fröhliche Aussicht gewährt,
der Aussicht in die Zukunft ähnlich, die ein wohl-
gelebtes Leben darbietet.

2.

Der Tempel der Eintracht.

Ein Pseudomonopteros von acht freistehenden
Säulen mit einer halbrunden Zelle, deren Oeffnung der gemeinschaftliche Durchmesser des ganzen Zirkelkreises abschneidet. Er liegt an der
Landspitze, welche zwei Wasser bei ihrer Vereinigung machen; über jedes geht eine Brücke, die
den Tempel mit dem Lande verbindet. Die Aussicht

ficht vom Tempel geht gerade auf die Vereinigung
der Gewässer, deren Ufer mit ihren Gehölzen so
heiter als möglich angeordnet werden müssen.
Zwischen die Säulen und hinten an der Wand
können Bänke gestellt werden. Auf einer Seite
jeder dieser Brücken geht eine Treppe nach dem
Wasser herab, um da von Gondeln Gebrauch
machen zu können.

Einen ähnlichen Tempel führte Friedrich der
Große, der geschwisterlichen Eintracht mit seiner
königlichen Schwester zu Ehren, in den Gärten
bei Potsdam, von weißem Marmor auf. Im
Grunde des Halbzirkels ist das Bildniß dieser
Prinzessin, sitzend, in weißem Marmor ausgehauen,
aufgestellt.

3.
Der Eingang in einen Thiergarten, mit einer Jägerwohnung.

Die Wohnung des Jägers, welcher die Auf=
sicht über den Thiergarten hat, ist an das alte Ge=
mäuer eines vormaligen Schlosses oder Klosters
gelehnt, dessen alter Eingang jetzt den Eintritt in
den Garten macht. Diese Wohnung hat ein Vor=
häuschen, und eine Stube und Kammer nebst Kü=
che für den Jäger. Die Treppe führt zu einem
Zimmer für den Herrn hinauf, das zum Theil
über dem Keller neben dem Eingang in den Gar=
ten liegt, und dann noch zu einem Zimmer im
Giebel des Hauses, welches zur Gewehrkammer
dienen kann. Hinter der Wohnung ist ein Schieß=
stand, von welchem aus zur Uebung nach der
Scheibe geschossen werden kann. — Die Wohnung
könnte unter andern Umständen auch zur Gärt=
nerwohnung dienen.

4.

Das Denkmal der Zeit.

Unter diesem Namen mag hier dieß allegori=
sche Bild der Zeit stehen. Der Künstler hat sich
ein großes Zirkelfeld gedacht, in dessen Mittel=
punkte auf einer Erhöhung von einer Elle eine
Halbsäule mit herumlaufender Bank errichtet ist.
Obendrauf steht eine große Kugel, als Sinnbild
der Zeit. Die Halbsäule ist mit einem Basrelif
von vier tanzenden Figuren geziert, welche durch
Kleidung und Kopfputz die vier Jahreszeiten cha=
rakterisiren müssen. In einiger Entfernung von
der Bank, so daß zwei Personen dazwischen stehen
können, ist eine eiserne Treillage errichtet, in
welcher vier Oeffnungen angebracht sind, deren
jede auf eine der Figuren der Jahreszeiten weiset.
Die Treillage wird mit laufenden Gewächsen be=
setzt, die ebenfalls von vielerlei Art seyn und die
vier Jahreszeiten charakterisiren müssen, welches
jeder geschmackvolle Gärtner einzurichten verstehen
wird. Ohne so eben auf laufende Gewächse Rück=
sicht zu nehmen, würde der spanische Flieder den
Frühling, die Rose den Sommer, die Weinrebe
den Herbst, und der Epheu den Winter sehr gut
bezeichnen. Oben unter der Kugel wölbt sich die
Belaubung und beschattet den Sitz. Ueber jeder
dieser vier Oeffnungen ist das Bild, in welches
die Sonne zu Anfang jeder Jahreszeit eintritt,
in Bronze gearbeitet. Außerhalb dieser Treillage
geht noch ein Weg herum, und von da sind nun
aus dem Mittelpunkte gehend, zwölf Felder ab=
getheilt, die mit Blumen bepflanzt werden, die
jedem Monat allein eigen sind. Eben so könnte
das hinter den Feldern angrenzende Gehölze in
vier Abtheilungen den Charakter einer besondern

Jah=

Jahreszeit tragen, wenn man sie auch nicht ge=
radezu in regelmäßige Abschnitte theilen wollte.

5.
Der gothische Saal.

Auf der vordern und hintern Seite mit pyra=
midalisch aufsteigenden Mauern von dunkeln und
lichten Ziegeln, zwischen welchen das Dach ver=
steckt wird. Das Aeußere läßt die innere Einrich=
tung eben nicht erwarten. Dieses Gebäude be=
schließt ein fortgehendes dichtbewachsenes Thal,
oder das dichtbewachsene Ende des Gartens.

6.
Das gothische Gewölbe.

Ein gothisches Gewölbe mit einem Fenster, so
groß als das Gewölbe selbst, altgothisch bemalt,
oder auch nur mit farbigen Gläsern. Im Innern
sind zu beiden Seiten steinerne Bänke. Die zir=
kelrunde Oeffnung nach der ganzen Breite des
Saals öffnet durch eine fortgehende Reihe von
Fenstern und zwei Glasthüren eine reizende Aus=
ficht auf eine durch Wasser verschönerte Gegend.
Vor den Glasthüren ist ein Balcon. Man nimmt
an, daß die Grenzmauer hoch genug ist, um den
Dieben dadurch keinen Eingang zu verschaffen.